1914

Giacometti

Georges Peillex   Alfred Scheidegger

Wilhelm Gimmi

Orell Füssli Verlag Zürich

Frontispiz

Deux nus

1914
Zeichnung
Blattgröße 28 × 23 cm
Collection privée, Blonay

© Orell Füssli Verlag Zürich 1972
Gestaltung und Gesamtherstellung
Art. Institut Orell Füssli AG Zürich
Printed in Switzerland
ISBN 3 200 00009 2

Der vorliegende Band ist entstanden aus der Verehrung der Autoren und des Verlegers für den Künstler und Menschen Wilhelm Gimmi und das von ihm geschaffene Werk. Sie danken seiner Gattin, Madame Suzanne Gimmi, für die hingebende, kenntnis- und hilfreiche Unterstützung, die sie dem Band stets hat gedeihen lassen, und anderseits den Sammlern und Museen, die ihre Bilder und Zeichnungen in großzügiger Weise für die Wiedergabe zur Verfügung gestellt haben. Der besondere Dank des Verlegers gilt der Stiftung Pro Helvetia und der Fondation Wilhelm Gimmi sowie Stadt und Kanton Zürich, die mitgeholfen haben, die Herausgabe zu ermöglichen.

M. H.

Pour Wilhelm Gimmi

C'est à Paris, en 1927, que j'entendis pour la première fois nommer Wilhelm Gimmi. J'étais en visite chez des amis, la famille Arthur Fontaine; ce premier président du Bureau International du Travail jouissait d'un immense rayonnement; la fleur de la société française se réunissait dans ses salons, poètes: Francis Jammes, Paul Claudel, Paul Valéry; écrivains: André Gide, Valery Larbaud, François Mauriac; musiciens: Claude Debussy, Chausson, Albeniz; peintres: Vuillard, Bonnard, Vallotton, van Dongen, d'autres encore. De merveilleux tableaux d'artistes vivants ornaient le vaste appartement du boulevard Raspail. Entre un Matisse et un Dunoyer de Segonzac, j'admirais une exquise petite toile, un buste de femme de dos trois quarts, que je ne savais à qui attribuer. «Mais c'est de Gimmi; vous ne le connaissez pas? C'est avec Vallotton votre meilleur peintre suisse!» Gimmi, le meilleur peintre suisse, un inconnu chez nous!

Il me fallut attendre longtemps avant de rencontrer Gimmi; rentré en Suisse au début de la Deuxième Guerre mondiale, fixé à Chexbres, il exposa quelques œuvres à la Galerie du Capitole à Lausanne. Je fus saisi par son art à la fois sain, vigoureux, réfléchi, équilibré, infiniment sensible et heureux, tel qu'en effet je connus l'homme. Ce Zurichois de forte carrure, solidement charpenté, parlait peu; son français, bien que révélant ses origines alémaniques, était parfaitement correct et nuancé. Il émanait de sa personnalité une atmosphère de puissance tranquille, d'ordre, de loyauté et de bonté non sans humour; sa distinction naturelle et sa vaste culture me séduisirent et dès lors nous devînmes amis, amitié avec notre ménage que renforça plus tard son mariage avec Madame Suzanne Wetzel-Favez.

Après son décès, au cours de nos conversations, Madame Gimmi nous apprenait avoir fait don de plusieurs très belles toiles à la Fondation Gottfried Keller et qu'elle décidait de léguer au Musée Rietberg à Zurich l'admirable collection d'objets chinois lentement et amoureusement rassemblés par Gimmi. L'idée naquit alors d'honorer la mémoire du disparu en instituant une Fondation Wilhelm Gimmi. La suggestion fut retenue, manifestement fidèle à l'esprit de Gimmi. Son but serait d'exposer et de vendre les œuvres que détenait Madame Gimmi, au profit d'artistes suisses ou habitant en Suisse.

Nous nous souvenions que Gimmi évoquait volontiers les difficiles débuts de sa vocation de peintre; il estimait que luttes et obstacles à vaincre, loin d'être préjudiciables et à éviter, fertilisaient le talent de ceux qui se montraient assez forts pour persévérer dans leur volonté d'exprimer ce qu'ils avaient à dire. Aussi avons-nous statué que la Fondation s'intéresserait non à de jeunes promesses, mais à des personnes d'un certain âge ayant fait leurs preuves. C'est dans cette perspective que nous avons décerné, de 1968 à 1972, cinq prix à des artistes de valeur.

La présente monographie, soutenue par notre Fondation, rend le meilleur des hommages à Wilhelm Gimmi, dont l'œuvre – le lecteur en jugera – reste vivante et belle.

F. CARDIS
Président de la Fondation Wilhelm Gimmi

Wilhelm Gimmi, l'homme et l'artiste

Par Georges Peillex

Vue déjà avec un léger recul et dans son ensemble, l'œuvre de Wilhelm Gimmi frappe par son unité, en dépit des modifications qu'apporte l'inévitable évolution d'une création qui s'étend sur un demi-siècle. Elle se présente, dans ses aspects divers quant aux sujets mais non quant au style, comme un bloc monolithique sans fissure, ramassée sur elle-même, fidèle à une seule et unique doctrine, à une vision, une conception du monde et des rapports humains que l'accumulation des expériences, l'usure de la vie, certaines vicissitudes, loin de les changer, n'ont fait que renforcer. Mises à part les premières années parisiennes au cours desquelles le jeune homme porte un intérêt légitime aux mouvements d'avant-garde, la carrière de Gimmi se partage en tout et pour tout en deux périodes: l'époque parisienne qui dure trente-deux ans, et celle de Chexbres. Encore n'y eut-il aucun phénomène de rupture entre les deux, et c'est insensiblement qu'on a vu s'étendre progressivement à l'ensemble des tableaux les harmonies claires apparues auparavant dans les seuls paysages de Provence, pour atteindre à la fraîche et presque juvénile luminosité des dernières années. Telle qu'elle s'impose à nous, la peinture de Gimmi, silencieuse, réfléchie, fut à l'origine comme une prise de conscience de soi, d'un artiste qui par la suite n'a jamais cessé de s'interroger sur lui-même ni de méditer sur la situation de l'homme dans la vie et dans la nature. Elle est l'expression sans concession d'une vie intérieure intense inspirée de la plus honnête recherche d'une certaine vérité et de cette harmonie particulière qui seule permet à un être de vivre en accord avec lui-même. Elle a été sa grande et indispensable amie, sa joie, son souci, sa raison de vivre et la justification de sa présence sur la terre. Cette parfaite identité entre le peintre et son art est un trait marquant qu'il convient de relever et qui donne toute son importance à la personnalité qui se profile derrière l'œuvre que nous admirons.

Sous une apparence réservée, volontiers taciturne lorsqu'il s'écartait du cercle étroit de ses intimes, Gimmi dissimulait une nature sensible, passionnée, prompte à réagir, avec véhémence parfois, aux événements, irréductiblement indépendante dans tout ce qui touchait à l'essentiel, et d'une ténacité que son inaptitude incontestable à affronter les menus impedimenta de l'existence ne parvint jamais à décourager. Tendre sans l'avouer, plus vulnérable qu'il ne l'eut voulu, il était habité par un besoin d'absolu qui le condamna parfois à une solitude qu'il supportait mal. Homme des amitiés rares et profondes, assez orgueilleux, exigeant envers lui-même et portant sur les gens des jugements d'une lucidité sans excessive indulgence, susceptible quand on lui manquait d'égards, compagnon attachant pourtant, et d'une bonté foncière qui ne se démentit jamais, il répugnait à se livrer et s'efforçait de donner de lui-même une image aussi peu révélatrice que possible. Ainsi apparaissait-il aux yeux de ceux qui l'ont le mieux connu, et plus encore à travers l'abondante et longue correspondance échangée avec sa sœur, pieusement conservée, et les quelques cahiers de notes qu'il a laissés. Ce goût du secret, cette pudeur pour tout ce qui touchait à sa vie et à ses sentiments intimes, il les a à plusieurs reprises avoués. Dans une lettre à sa sœur, évoquant brièvement un événement qui l'avait bouleversé, il remarquait comme pour s'excuser de transgresser la règle: «Je ne t'ai pas habituée à te parler de ma vie personnelle.» Et dans un petit carnet, en 1940, il notait, la rapportant visiblement à lui-même, cette citation d'Eschyle: «Personne ne sait qui je suis.»

Wilhelm Gimmi, originaire de Zurich et de Dünnershaus en Thurgovie, est né le 7 août 1886 à Zurich où son père était conducteur de locomotive. Il grandit aux côtés de sa sœur de cinq ans plus âgée, et qui jouera dans sa vie et dans sa carrière un rôle capital, dans l'atmosphère d'une famille très unie où la délicatesse des sentiments allait de pair avec le respect de principes non dépourvus d'un certain puritanisme. Il a une enfance studieuse et sans histoire et, aux yeux de ses parents, sa carrière et celle de sa sœur Fanny sont toutes tracées. Ils seront tous deux dans l'enseignement, ce qui offre de multiples avantages et entre autre la sécurité que donne le statut de fonctionnaire. Il poursuit donc ses études au Lehrerseminar de Küsnacht où il obtiendra sans plus d'histoires son diplôme d'instituteur le 18 avril 1906. Entre-temps, il met à profit ses vacances pour faire de grandes randonnées à pied dans les Grisons: Thusis, Samaden, Pontresina, Silvaplana, Flims, Viamala-Zillis, éprouvant peut-être lors de ces premiers contacts prolongés avec la nature, dans ces montagnes et ces vallées si chères au cœur de tant de Zurichois, ses premières émotions artistiques. Le jeune Willi a peu d'argent, il voyage le plus économiquement possible, évite les frais d'hôtel lorsque cela se trouve en passant la nuit dans des baraques vides, et constate en rentrant qu'il a dépensé en moyenne un franc par jour!

Le nouveau diplômé trouve immédiatement un poste d'instituteur remplaçant à Wädenswil, qu'il occupe jusqu'en avril 1907. Gimmi alors songe-t-il déjà à devenir peintre? On ne saurait l'affirmer. Ce ne serait en tout cas qu'une activité accessoire, car c'est bien dans la carrière de l'enseignement qu'il s'engage, ambitionnant plus particulièrement celle de maître de dessin dans les écoles officielles. Il s'y prépare en entrant, après avoir quitté Wädenswil, comme aide-instituteur au Lehrerseminar de Küsnacht et l'essai est concluant. Il s'inscrit à l'Ecole des Arts et Métiers de Zurich et, profitant des vacances, fait un séjour d'une semaine à Munich au mois d'août. La ville est belle, mais ce n'est pas la capitale artistique de l'Allemagne qui l'attire. Il n'apprécie que modérément les célèbres brasseries, et si tant est que l'on puisse partager l'humanité en deux grandes familles, il n'appartient pas à celle des buveurs de bière, mais à celle des amateurs de vin. Etait-ce vraiment significatif? Le fait est que rentré à Zurich, il demanda et obtint une bourse avec laquelle il allait repartir, mais pour Paris, où l'attendaient

parmi tant d'autres choses tout aussi importantes le Beaujolais, le Sancerre, les Côtes-du-Rhône et autres savoureux crus bourguignons.

Gimmi arrive à Paris en septembre 1908. Il y vient pour y faire un stage d'étude d'un an, au terme duquel il rentrera pour préparer son diplôme de la Kunstgewerbeschule. Cézanne est mort depuis deux ans. Matisse, Derain, Vlaminck, Marquet et quelques autres fauves n'ont pas encore fini d'agiter les esprits qu'une nouvelle bombe vient d'éclater: Kahnweiler, dans sa petite galerie de la rue Laffitte organise la première exposition de peinture cubiste avec Picasso et Braque dont la *Maison à l'Estaque* trouve un amateur en la personne du collectionneur bernois Hermann Rupf, qui aura été ainsi le premier acheteur d'une œuvre cubiste. L'atmosphère du Paris artistique de l'époque a de quoi griser un jeune Zurichois frais débarqué que nous découvrons passionné d'art. Il vit dans un état de perpétuel enthousiasme et, sollicité de toutes parts, ne sait où donner de la tête. Il y a les galeries qui montrent les impressionnistes et les mille et un aspects de la production contemporaine, et ce marchand qui montre d'un coup deux cents dessins de Rodin. Mais sa grande révélation, à part le Louvre, c'est la Musée Guimet avec ses collections d'art hindou, japonais, chinois et égyptien, où, pendant plus de trente ans, il reviendra sans se lasser. Il est également attiré par la peinture des vases grecs et la sculpture, la grecque archaïque, et la gothique qui selon lui n'est pas estimée à sa juste valeur.

Faisant dans une lettre à sa sœur Fanny un premier bilan après deux mois, il déclare que ses idées sur l'art se sont éclaircies et renforcées. Il a pris de l'assurance, mais n'est pas encore content de son travail, sauf des croquis qu'il fait à l'académie Julian. Déjà sont nées dans son esprit des ambitions plus précises, entre autre le désir exprimé de faire une peinture personnelle qui échapperait aux modes et à la manière. On est surpris, à lire ses lettres de cette époque – il a alors vingt-deux ans – de constater avec quelle lucidité et quel sens critique il analyse ce qu'il découvre et qu'il confronte avec son propre sentiment. Il ne pense pas pouvoir se référer aux grands maîtres de la Renaissance, mais plutôt à la sculpture déjà mentionnée, aux Primitifs, à Giotto qu'il a vu à Padoue lors d'un voyage en Italie en 1905. Pour les aînés immédiats, son attention va à Hans von Marées, Hodler, et Puvis de Chavannes dont il observe les décorations au Panthéon, à la Sorbonne et à l'Hôtel de Ville.

Gimmi vit alors en garni, dans le quartier de Saint-Germain-des-Prés, 25, rue Jacob, à l'hôtel des Deux Continents où il dispose d'une chambre avec deux fenêtres pour quarante francs par mois. Sa bourse n'est que de mille francs pour l'année, et il doit beaucoup compter, d'autant qu'il prend sur ses maigres ressources pour acheter des livres sur l'art (Ghirlandajo, Giotto, les vases grecs), dépenses qu'il cherche à compenser en se contentant, pour son repas du soir, de pain noir et de chocolat. Il ne souffre pas trop d'en être ainsi réduit à la portion congrue: l'aventure en vaut largement la peine. Au demeurant, il n'est pas seul dans la grande ville. Dès son arrivée, en effet, il a été pris en amitié par un médecin et sa famille, qui lui portent un vif intérêt. Le Dr Charroppin et sa femme, qui ont trois fils, l'accueillent régulièrement en leur domicile du boulevard Barbès où il est toujours sûr de faire au moins un bon et solide repas par semaine. Cette famille a joué un rôle incontestable dans la vie de Gimmi durant les premières années parisiennes – les plus importantes quant à son avenir – en lui accordant plus qu'une épisodique hospitalité. Les Charroppin, c'est un hâvre d'humanité dans une existence solitaire vouée au bistrot et à l'hôtel. Ils veillent sur lui, se préoccupent de sa santé, l'initient à une certaine vie parisienne en le conviant au théâtre, en l'informant sur la littérature, et si plus tard Gimmi témoignera d'une large et délicate culture littéraire française, c'est peut-être à Madame Charroppin qu'il le devra, qui a dirigé ses premiers pas, et par le prêt de

livres, lui fait découvrir Baudelaire, Maeterlinck et Anatole France.

Mais il est un autre personnage qu'il est temps d'évoquer ici, auquel on aimerait savoir rendre l'hommage qu'il mérite, un être qui fut la providence même, sans qui Gimmi ne serait probablement pas devenu le grand peintre que nous saluons en lui: Fanny, la sœur aînée. Gimmi, bien que vivant géographiquement éloigné d'elle, est toujours resté très proche de sa famille, témoignant jusqu'à leur mort à ses parents un attachement filial constant empreint de cette délicatesse de sentiment qui était dans sa nature. Mais Fanny, ce fut tout autre chose. Les liens qui unissaient le frère et la sœur étaient exceptionnels par ce quelque chose de profond et d'inaltérable qui faisait que tout ce qui arrivait à l'un était ressenti par l'autre dans un climat de solidarité affective et matérielle qui joua un rôle capital dans la vie du peintre. Fanny Gimmi, qui resta célibataire, disposant du revenu fixe que lui valait son poste d'institutrice, figurait la sécurité en regard de son frère qui allait tenter l'aventure pleine d'aléas de la peinture. Sensible et dévouée, femme de tête, elle a été le véritable ange tutélaire qui encourage, veille et soutient; elle a été constamment présente par la pensée et le truchement d'une correspondance qui, au rythme de plusieurs lettres par semaine, ne cessa qu'à sa mort en 1959. C'est la grande confidente avec laquelle le peintre éprouve le besoin de partager ses enthousiasmes, ses déceptions, ses espoirs et ses réussites, celle de qui, pour tout ce qui concerne les problèmes de la vie courante, on sollicite les conseils, et qui, toujours, donne les avis que l'on attend. Gimmi, sorti de sa peinture et de son domaine intérieur, est un homme qu'un rien met dans l'embarras, et qui dans la vie courante répugne à prendre des décisions. La correspondance en fait foi, il n'est pas de décision de quelque importance sans avis de Fanny et c'est à ce point qu'un jour, tenté par la location d'un atelier, il envisage de faire un saut en Suisse pour en discuter plus à l'aise.

Fanny, c'est la personne de confiance, le point de chute à Zurich et l'agent de liaison avec le milieu artistique de la ville natale, et aussi, jusqu'à la fin de la période parisienne, le banquier qui gère les finances.

Mais durant les années des débuts, son soutien se manifeste encore d'une façon plus précise. Le temps durera jusqu'à ce que les ventes suffisent à assurer l'existence matérielle du jeune peintre, et d'ici là, il faut tenir. C'est alors que la sœur au grand cœur puise dans sa bourse et envoie des mandats à Paris, sans lesquels, vraisemblablement, l'aventure eut tourné court. Plus tard, bien sûr, dès les premières réussites, Gimmi aura pour premier souci de rembourser ces subsides, mais il n'oubliera jamais, et, empli de gratitude, longtemps après, lorsque la notoriété et les honneurs auront couronné ses efforts, il écrira à Fanny: «Je te dois tout ce qui m'est arrivé.»

Cette première année parisienne s'écoule, bien remplie par le travail à l'académie, les visites dans les musées, au Cabinet des Estampes, à la Bibliothèque nationale, les excursions dans les environs, à Versailles, Sceaux, Robinson, au Mont-Valérien et à Fort-Issy où il peint sur le motif. Il a été un peu troublé en début d'année par l'offre qui lui a été faite d'un poste à Zurich, mais il l'a refusé et a retrouvé sa sérénité. De tels incidents se produiront à plusieurs reprises jusqu'en 1913, année clé, car c'est alors que les dés sont jetés et qu'il se décide à franchir le Rubicon. Jusque-là, et bien qu'il remette d'année en année la date de son retour au bercail, il n'est à Paris que pour un stage d'études en prévision de la carrière qui l'attend au pays, et que lui ouvre le diplôme de maître de dessin qui lui est décerné en 1910 par la Kunstgewerbeschule. Ainsi, dans un provisoire qu'il s'ingénie à faire durer, il s'abandonne à l'ivresse des découvertes de tant de merveilles qui insidieusement tissent les rets dans lesquels il se laissera prendre – avec quelle joie – telles celles qu'il lui est donné d'admirer dans l'appar-

tement de Durand-Ruel qui contient la plus belle collection privée d'impressionnistes où il remarque «trois merveilleuses natures mortes de Cézanne, de grandioses Degas, et une impressionnante série de paysages de Monet, Sisley et Pissaro». D'ailleurs le travail progresse. Il a quitté Julian pour l'académie La Palette, rue du Val-de-Grâce, moins fréquentée, plus calme, où parmi les élèves, note-t-il avec humour, s'occupent avec conscience «quatre dames étrangères toutes laides sans exception». Le 26 novembre 1910, il rend compte de son travail des dernières semaines: des nus, trois paysages, quelques études pour autoportraits qu'il trouve bonnes dans les couleurs. Il a en outre réalisé une affiche pour le théâtre de Rorschach et songe à poursuivre aussi dans cette voie.

Malgré l'enthousiasme que lui inspire Paris, le jeune artiste n'ignore pas que d'autres expériences l'attendent ailleurs, dont il espère tirer des leçons. Il se souvient que ses premières admirations, qu'il ne songe point à renier, sont allées aux primitifs italiens, et il est pris du désir de les connaître mieux, comme de découvrir la lumière qui donne tant de chaleur aux terres méridionales. C'est alors l'intermède italien, six mois de travail et de vagabondage à travers la péninsule, sur lesquels malheureusement nous manquons de détails, l'artiste s'étant toujours montré sur ce sujet plutôt laconique. On sait seulement qu'il travaille assez longtemps le paysage à Anticoli, et s'attarde volontiers à Rome qui l'enchante. Il aime les rues, les places, la vie animée et colorée des quartiers populaires de l'antique capitale, mais semble moins touché par ses trésors artistiques. Il n'admire que modérément Saint-Pierre qui, dit-il, ne peut être comparée aux cathédrales gothiques, et dont l'intérieur est froid malgré la richesse des ornements. Les musées y sont relativement peu importants et les églises pauvres en fresques, exception faite de la Sixtine qui l'impressionne plus qu'il ne le prévoyait. Quittant Rome, il fait étape à Arezzo, à Assise, puis se fixe pour un temps en Toscane. A Florence, si la ville lui plaît moins que Rome, il se rattrape sur la peinture par des visites renouvelées aux Offices. Cependant, il s'intéresse encore davantage aux fresques, et il conservera un souvenir ébloui de Ghirlandajo à Santa Maria Novella, de Giotto à Santa Croce, et surtout de Masaccio à Santa Maria del Carmine. Il rapportera, de ces visites aux Maîtres, de nombreuses esquisses.

Vers la mi-mai, il prend le chemin du retour et regagne la France par la riviera italienne. Son périple touche à sa fin, mais il s'arrête encore un certain temps pour travailler à Gonfaron, près de Toulon dont il aime le paysage et l'accord du gris des oliviers avec le rouge sanguin de la terre. Par le détour de l'Italie, Gimmi aura découvert le Midi de la France et ce sera le début d'une longue idylle, avec la Provence surtout, Saint-Rémy en particulier qui dès lors a occupé dans son œuvre une place d'une réelle importance, et où il aimera encore revenir dans les dernières années de sa vie. Mais en attendant, il a des soucis. Il resterait bien encore un peu à travailler sur ces beaux paysages du Var, mais la bourse est plate. Gimmi, durant toutes les années difficiles saura vivre de peu sans la moindre amertume, mais comme toutes les autres complications, les soucis d'argent l'empoisonnent. Il a le cafard et regrette d'avoir quitté Florence. Heureusement, la bonne Fanny est là comme toujours. Elle envoie le viatique nécessaire, et quelques jours plus tard, chargé de souvenirs et de croquis de toutes sortes, le pèlerin aura regagné les rives de la Seine. C'est pour y trouver une lettre qui pendant quelques jours le plonge dans l'embarras, car elle remet sur le tapis la proposition refusée deux ans plus tôt de rentrer à Zurich pour y occuper un poste de maître secondaire de dessin. Mais bien qu'il ne l'avoue pas clairement, l'idée de faire carrière à Paris s'impose de plus en plus à lui. Il argue que trente heures de cours par semaine, c'est beaucoup au détriment de l'art. Et l'on découvre alors qu'en dépit de ce que l'on prend pour de la modestie mais qui n'est qu'une

attitude dictée par une prudente réserve, il est déjà conscient de sa valeur, car il ajoute dans la lettre par laquelle il fait part de sa décision à sa sœur cette phrase révélatrice: «Mon talent est supérieur à la moyenne, et j'arriverai à faire une peinture de qualité.»

Cette œuvre future, qu'il entrevoit confusément mais qu'il se sent de taille à édifier, comment la prépare-t-il, à travers quelles démarches va-t-il s'en approcher? On sait qu'il travaille beaucoup l'académie et dessine avec acharnement, qu'il est épris de culture et manifeste une studieuse curiosité à l'égard des expressions les plus diverses puisqu'il s'intéresse aussi bien aux sculptures grecques, romanes et gothiques, qu'aux peintures des Primitifs, aux Hindous, aux Chinois et aux Egyptiens, et même à l'art de l'Afrique noire. Ce sont les sources d'une connaissance indispensable à la formation du peintre, à partir desquelles tout est à faire. Gimmi a les yeux tournés non pas vers le passé mais vers l'avenir, et à vingt-cinq ans, il a le désir conscient d'être un homme de son temps et de jouer sa partie dans le vaste mouvement qui donnera son visage à l'art du XXe siècle. Il n'ignore rien des dernières recherches qui se poursuivent autour de lui et sait en apprécier l'intérêt. Nullement révolutionnaire, il est pourtant séduit par les audaces de l'avant-garde. Ce n'est pas non plus dans son caractère de s'intégrer à un groupe, mais en solitaire, il se livre à toute une série d'expériences et les tableaux qu'il exécute pendant un temps se réclament visiblement du fauvisme ou de l'expressionnisme, avant de prendre un tour beaucoup plus nettement cubiste. C'est, durant cette période encore préliminaire, le passage qui se prolongera pendant le plus longtemps, car Gimmi sera pendant trois ou quatre ans, et réputé comme tel, un peintre cubiste. Il fait par là figure de jeune Turc, parmi beaucoup d'autres, et sera ainsi appelé à participer aux expositions du *Moderner Bund*, le premier et l'un des rares mouvements d'avant-garde en Suisse avec Dada.

Le *Moderner Bund* a été fondé en automne 1911 par Hans Arp, Walter Helbig et Oscar Lüthy, à Weggis que la présence de ces derniers avait transformé en colonie d'artistes. Gimmi séjourna auprès d'eux en tout cas en 1913, mais il n'est pas prouvé qu'il l'ait fait auparavant. Quoi qu'il en soit, il est l'un des premiers, avec Hermann Huber, à rejoindre le petit groupe très peu de temps après sa fondation et participera dès le début à ses manifestations. La première eut lieu à Lucerne en décembre 1911, sous la forme d'une exposition dans la salle à manger de l'hôtel du Lac. Elle témoignait d'une certaine audace et fut considérée à l'époque comme une provocation. En fait, on n'avait rien vu d'aussi révolutionnaire depuis l'exposition à Genève en 1891 de *La Nuit* de Hodler, et quelques années plus tard à Zurich des fresques de Marignan du même artiste, et l'aventure offrait sous ce rapport un parallèle flatteur avec l'action du *Blaue Reiter* en Allemagne. La manifestation se voulait signifiante, avec l'ambition d'aider à la diffusion des nouvelles tendances, et ses promoteurs firent appel à des artistes de Paris. Parmi les noms figurant au catalogue, on pouvait noter ceux des fauves Friesz, Matisse, et d'Auguste Chabaud injustement méconnu aujourd'hui, de Gauguin et de Ferdinand Hodler. Le groupe des cubistes était constitué de Picasso, Herbin, Lüthy et Gimmi. L'effet de choc fut celui escompté, et la presse lucernoise eut la réaction qu'on imagine, ce qui ne pouvait en aucun cas décourager des hommes aussi décidés. L'expérience fut rééditée six mois plus tard à Zurich, au Kunsthaus dont les portes s'étaient ouvertes pour la première fois deux ans auparavant. Delaunay, Matisse étaient du nombre des exposants, mais on avait cette fois fait appel aux «Munichois» du *Blaue Reiter:* Klee, Kandinsky et Franz Marc, le cubisme étant représenté par Gimmi, Le Fauconnier et Lüthy. Entre-temps, le *Moderner Bund* avait été accueilli en Allemagne par le *Blaue Reiter*. Toujours avec la participation de Gimmi dont une œuvre figure dans chacun des deux albums

publiés par le groupe en 1912 et 1913, ce dernier fit encore plusieurs expositions itinérantes, notamment à Berne, enfin à Munich à la galerie *Neue Kunst*, Odeonplatz, où Gimmi, avec un *Sion*, une composition, les *Gorges de la Raspille* et une nature morte, se trouvait en compagnie de Cézanne, Gauguin, Derain, Picasso, Kandinsky, Kirchner, Klee, Marc et Jawlensky.

Est-ce l'intérêt incontestable que présenta pour lui l'épisode du *Moderner Bund?* Le fait est que Gimmi va faire durant la belle saison deux séjours prolongés en Suisse, les derniers jusqu'à la Seconde Guerre mondiale, qui soient dignes d'être mentionnés. De mi-avril à fin juillet 1912, tout d'abord, il travaille en Valais, à Sierre surtout où il reste jusqu'à fin juin, puis à Sion. Il en profite pour parcourir le canton en tous sens, jusqu'à Brigue où le château de Stockalper l'enchante comme le plus beau qu'il ait vu en Suisse, et dans toutes les vallées qui dévalent vers le Rhône, s'arrêtant dans les villages, séduit par les mazots et les costumes des femmes dont le pittoresque, cependant, n'entrera jamais dans sa peinture; mais les paysages, par contre, de Sierre, de Sion, du lac de Géronde, dont plusieurs que nous connaissons aujourd'hui sont pour nous de précieux specimens de sa manière cubiste qui loin d'être une imitation docile des chefs de file parisiens se singularise par des traits qui incontestablement trahissent ses origines alémaniques. Le dernier de ses séjours se situe au milieu de l'été 1913. C'est à Weggis où il loge chez les parents de Walter Helbig où il a rejoint Arp et quelques autres membres du Bund. Il en rapportera quelques bons paysages, de même que de Vitznau où il passe quelques jours avant de repartir, qui seront parmi les derniers de sa période cubiste.

1913, notre jeune peintre se trouve toujours dans une situation ambiguë. Il a fait du chemin en cinq ans; déjà on lui porte attention et plusieurs revues l'approchent en vue de publier des reproductions de ses tableaux. Il est d'ailleurs assez actif et participe à nombre d'expositions collectives, notamment à Hambourg et à Francfort. D'ailleurs, depuis un certain temps, le marchand zurichois Tanner qui tient galerie dans la maison Huguenin au 39 de la Bahnhofstrasse, s'intéresse à lui et lui prend régulièrement des tableaux. C'est le début d'une collaboration qui sera parfois orageuse mais qui, poursuivie durant des années se révélera somme toute avantageuse pour les deux parties. Le peintre ne peut se montrer que satisfait de trouver un débouché, même si les prix sont encore fort modestes, et le marchand n'est pas du tout mécontent des ventes. En outre, Gimmi est maintenant bien introduit dans le milieu artistique parisien, et en le mettant en contact avec les marchands, en le conseillant, aussi, il permet à Tanner de faire d'excellents achats de peinture française. Les perspectives, sans être encore très rassurantes, commencent à donner des espoirs, pourtant la question se pose une fois de plus du retour en Suisse. Est-ce la fin du stage parisien? On soupçonne qu'en son for intérieur, Gimmi a déjà tranché la question, mais la réaction de sa famille l'inquiète et il n'ose pas dévoiler ses batteries. Comme d'habitude, dans une longue lettre à Fanny, il fait le tour du problème et visiblement plaide sa cause. Il aimerait prolonger d'un trimestre, non parce qu'il succombe au charme de la vie parisienne, mais pour achever le travail commencé. Il se rend compte qu'il a besoin de toujours plus de temps pour créer, et les perturbations qu'entraînerait le changement compromettraient le résultat de ses efforts. Il a l'impression qu'il peut faire quelque chose de bien à Paris, mais ajoute aussitôt, prudemment, qu'après une nouvelle année les séjours d'études à l'étranger seraient terminés et qu'il pourrait alors revenir en Suisse. D'ici là, peut-être les possibilités de gains seront-elles plus favorables? Il dispose d'assez d'argent pour vivre jusqu'au printemps et en avril il aura sa première exposition personnelle chez Tanner qui a annoncé sa visite et semble bien disposé car il est satisfait des ventes. En outre Gimmi s'est

porté candidat pour une nouvelle bourse fédérale, que d'ailleurs il obtiendra.

Finalement, ces arguments l'ont emporté car Gimmi ne partira pas. Et c'est bien car il a trouvé depuis quelques mois, exactement en octobre 1913, un atelier au 22 rue Ravignan à Montmartre, dans une maison neuve. Il est enchanté, c'est la première fois qu'il dispose d'un atelier pour lui tout seul, doté en plus, d'un confort à peine imaginable, de l'éclairage à l'électricité, alors qu'à son domicile du quai d'Anjou il est au régime de la lampe à pétrole. Et les fenêtres donnent sur le Sacré-Cœur qu'il ne manquera pas de prendre pour motif de plusieurs de ses toiles. Ces nouvelles conditions de travail sont pour lui un sérieux encouragement. Il peint avec acharnement, ce qui ne l'empêche pas de trouver du temps pour courir les musées (le musée Jaquemart-André, qui réunit une collection de Rembrandt, Frans Hals et de maîtres de la Renaissance italienne vient de s'ouvrir). Il lit aussi beaucoup, enrichit sa bibliothèque française (*Journal* de Delacroix, *les Nourritures terrestres* de Gide, *les Géorgiques chrétiennes* de Francis Jammes, ces deux derniers écrivains comptant, selon lui, parmi les meilleurs de la littérature contemporaine) et fait l'acquisition de lithographies de Daumier. A Zurich, il a pris part à un concours pour une œuvre destinée à l'Université et le critique Trog écrit que son envoi est digne d'un prix. Le jury est d'un avis différent, mais c'est un succès moral, qui sera suivi d'un autre plus tangible, puisque au printemps 1914, Tanner achète tout l'atelier et signe un contrat par lequel il s'engage à prendre toute la production du jeune peintre pendant une année.

Les choses prennent tournure, et l'artiste va enfin pouvoir se consacrer à sa peinture sans être constamment aux prises avec le souci de son avenir immédiat. Hélas, d'autres problèmes vont surgir, car la guerre éclate, avec les tragédies qu'elle entraîne et, pour les Parisiens, les mille difficultés de la vie quotidienne et bientôt, les privations. Gimmi, cependant, ne songe pas un instant à s'en aller. Il est là, solidement implanté dans le sol parisien et d'ailleurs il a horreur du changement. Il continue obstinément sur la voie qu'il s'est tracée, comme si rien ne pouvait le troubler. Pourtant, il est loin de rester indifférent, car il a senti naître en lui au cours des années qui viennent de s'écouler un attachement pour la France qui le rend extrêmement sensible à ses malheurs et ses sentiments pour ce pays vont s'en trouver singulièrement renforcés. Dans le conflit qui met l'Europe à feu et à sang, il épouse la cause de son pays d'adoption avec une rare conviction et sans tolérer la moindre discussion. Sans doute, en homme foncièrement juste et d'une absolue honnêteté intellectuelle, pense-t-il constamment à ce qu'il lui doit, mais il n'y a pas que cela. On peut, sans exagérer, parler d'amour. Gimmi aime tout de ce pays, ses campagnes, ses provinces, ses gens, le climat dans lequel il a trouvé son épanouissement, ses mœurs, son art de vivre et son génie, par un phénomène qui nous fait découvrir des affinités là où on ne les attend pas. Pour Gimmi, la France aura été, réellement, la seconde patrie. Aussi longtemps qu'il y poursuit sa carrière, il s'y sent chez lui, encouragé en cela par les Parisiens eux-mêmes qui le considèrent comme un des leurs. A ce point que, après 1945, lorsqu'il vivra à Chexbres, il accueillera avec une surprenante réticence toutes les propositions de voyage à Paris: il ne voulait pas y revenir en étranger.

En 1915, le visage de la capitale a beaucoup changé, et en raison de la guerre, nombre d'artistes ont vu leur situation bouleversée. L'ami Gay, avec lequel il partage le logement du quai d'Anjou a lui-même pris le parti de travailler dans une usine de munitions. Gimmi est un instant tenté de l'imiter, d'autant que Tanner dont les affaires connaissent une mauvaise passe a de la peine à payer les mensualités prévues; mais jamais il ne pourra se résoudre à rien entreprendre qui pourrait l'éloigner de la peinture et il préfère continuer à faire des tableaux qu'il

pourra toujours vendre, pense-t-il, après la fin des hostilités. Maintenant, il travaille beaucoup plus longtemps sur chaque toile, même les petites qu'il voit comme des œuvres abouties et non comme des études, et dès cette période, on voit qu'il recherche beaucoup plus l'équilibre des masses que le détail, principe qui sera constant dans toute son œuvre où le souci du permanent prime tout. A cet égard, on lit une remarque intéressante dans une lettre écrite cette même année, dans laquelle il évoque le spectacle du Paris de la guerre, ses revues militaires, les soldats et les mutilés que l'on croise dans la rue: «Cela n'apparaît pas dans ma peinture», précise-t-il, «car je ne peux pas faire de l'actualité.» Ce qu'il peint, ce sont des nus, des figures féminines, des natures mortes, Notre-Dame, qui figurent en juillet-août dans son envoi à Zurich à une collective organisée à la Bahnhofstrasse par la *Neue Galerie* où il apporte la plus grosse participation avec douze tableaux. Avec lui exposent également Ferdinand Hodler, Auberjonois, Blanchet, son ami Charles Häusermann, Henri Manguin et Charles Montag qui fut plus tard le professeur de peinture de Winston Churchill.

La vie s'écoule, avec son lot quotidien d'encouragements et de déceptions. Une bonne nouvelle, c'est celle au cours de l'automne de la vente au collectionneur Reinhardt d'un tableau assez important. Un ennui, c'est qu'il faut quitter l'atelier de la rue Ravignan. Mais voici à nouveau, l'année suivante l'achat par M. Brown, industriel de Baden, d'une *Femme dans un parc*. Plusieurs collectionneurs de Suisse alémanique commencent à s'intéresser à son travail, la revue *Werk* va lui consacrer un article, et *Pages d'art*, périodique artistique qui paraît à Genève lui réserve un numéro spécial avec clichés. En fait, d'immenses progrès ont été réalisés, et il pourrait vivre avec ce qu'il gagne si la vie n'avait pas tellement renchéri. Il est content de sa peinture, mais n'a pas le travail facile. Il lui faut une grande concentration et il a besoin de tout son temps pour

18

mener à bien une toile. Dès qu'on le presse il s'énerve et ne fait rien de bon, et en ce moment, il gratte beaucoup, car il n'a pas la tranquillité d'esprit qu'il faudrait. Et puis, quelquefois il s'ennuie. Le Louvre est fermé, et il n'a personne à qui parler de ce qui l'intéresse, à part les Charroppin, mais les trois fils sont à la guerre. C'est parce que les Charroppin y ont une maison de campagne que Gimmi ira passer plusieurs dimanches d'été à Champagne-sur-Seine dont il fera plusieurs paysages qui figureront en automne à l'exposition chez Tanner.

C'est à peu près à cette époque qu'entre en scène un nouvel ami qui comptera beaucoup. Ernst Sonderegger, fils d'un médecin de Davos, habite une villa à Sèvres près du parc de Saint-Cloud où il vit avec sa jeune femme. Peintre-graveur, amateur d'art, il vit dans l'aisance et dispose d'une bibliothèque bien fournie à laquelle Gimmi fera des emprunts nombreux, bien que, plus modestement, il commence dans ce domaine à se monter assez convenablement, faisant preuve de raffinement et d'un goût marqué pour les papiers de luxe, les tirages numérotés et les belles éditions. Une lettre qu'il écrit à Fanny le 23 novembre (en français comme toujours depuis le début de la guerre) est intéressante à citer car elle nous éclaire sur la personnalité de son auteur à cette époque: «Une nouvelle qui fera plaisir à notre mère: les cafés ferment à 9 h. ½! Mais cela ne change rien à mes habitudes car je ne sors pas le soir. Les rues sont sombres, les magasins ferment à 6 heures pour éviter les bougies. On devient économe à Paris. C'est pour ça probablement que mes qualités de financier se développent. Je ne vais jamais au théâtre, et ma seule dépense est pour les achats de livres. Depuis longtemps je ne lis que du français, et ma bibliothèque en français est mieux choisie que l'allemande.» Il donne ensuite un aperçu de ses trésors où l'on note les œuvres complètes de La Fontaine, celles de Chamfort, plusieurs livres de Baudelaire, de grandes biographies d'Ingres et de Cézanne, celle en deux volumes de Delacroix dont

il possède aussi le *Journal*, les *Mémoires* du comte de Gramont («vieux bouquin de 1741») et, de Flaubert qu'il admire beaucoup, plusieurs romans, quatre volumes de correspondance et deux volumes de notes de voyage. La mention des œuvres de Zola, de Francis Jammes, et d'Edgar Poe dans la traduction de Baudelaire nous éclairent encore sur le choix de ses lectures à cette époque. Il ne s'intéresse d'ailleurs pas qu'aux livres, il devient collectionneur et achète chaque fois qu'il le peut et pendant qu'elles sont encore abordables car «le snobisme commence à s'en mêler et cela va faire monter les prix» des pièces d'art sauvage. Il a déjà réuni plusieurs œuvres d'art africain et une belle sculpture en bois de Nouvelle-Calédonie. Avouant ses folies à Fanny, il se justifie un jour en écrivant: «Plus tard en Suisse, je serai content d'avoir une petite bibliothèque et un petit musée pour orner ma cabane de vieux solitaire célibataire endurci!»

L'année 1917 est marquée par un événement dont les effets se prolongeront longtemps et exerceront même une influence capitale sur une partie de son œuvre. A la suite du départ de l'ami Gay rentré définitivement au pays, il va pouvoir disposer de la totalité de l'appartement du quai d'Anjou. C'est important pour plusieurs raisons. Pratiques tout d'abord, car depuis le départ de la rue Ravignan, il a dû se rabattre sur un atelier situé au diable vauvert, place de la République, et il perd beaucoup de temps à faire les trajets. Morales ensuite, pour l'effet bénéfique que cela aura sur son travail. Par une belle journée de mai, il fait venir un maçon pour supprimer la moitié de la cloison qui sépare les deux pièces principales, ce qui lui en donnera une grande avec quatre fenêtres ouvertes sur la Seine, et une plus petite qui fera office de chambre à coucher. Pour la première fois, il aura, réunis en un seul appartement, son logement et son atelier, ce qui est un grand progrès. Bien sûr il faut aménager tout cela, procéder à l'achat de rideaux et de quelques objets, mais Gimmi bricole lui-même un divan en clouant quatre pieds sous un sommier, et tous comptes faits, l'opération se solde par une dépense de quelque deux cents francs, y compris la facture du maçon. Avoir un logement bien à soi, dans lequel on peut organiser sa vie, ce sont là des considérations qui ont leur importance pour le jeune Zurichois qui depuis bientôt dix ans a été contraint à vivre de peu et dans des conditions souvent précaires, mais qui apprécie peu la bohème. Il est un homme de méthode et d'ordre; il aime que tout soit propre et net autour de lui comme sur sa personne et, en complet veston, cravaté, quelles qu'aient été les circonstances, on ne le vit jamais afficher le débraillé du rapin, mais plutôt l'élégance stricte du professeur, et plus tard, lorsque la bourse sera bien garnie, d'un gentleman vaguement britannique. Au quai d'Anjou, il a engagé une femme de ménage qui vient quatre heures tous les samedis, et pour l'immédiat a supprimé toutes les traces laissées par les travaux de maçonnerie. Gimmi écrit à Fanny sa satisfaction: «L'appartement est maintenant très propre; il y règne un ordre parfait. Sur ma table devant moi, les objets sont rangés méticuleusement parallèles aux bords.»

Rapporter ces détails peut paraître oiseux, mais c'est à travers eux, mieux que par de longues considérations, que l'on peut prendre connaissance d'un homme et de sa vie, ce qui dans le cas qui nous occupe revêt toute sa signification, tant il est vrai que rien de ce qui touche le peintre ne peut être tout à fait étranger à son œuvre. Mais ce ne sont en effet que des détails. Ce qui est très important, c'est que les quatre fenêtres du nouvel atelier donnent sur la Seine, l'église Saint-Gervais et le Pont-Marie, et que Gimmi qui aimerait se confronter au motif mais ne supportait pas trop de se donner en spectacle, usa abondamment de cet avantage, revenant à loisir, en prenant tout son temps comme cela lui était si nécessaire, sur des sujets qu'il avait en permanence à sa disposition. On en a vu le résultat.

L'œuvre de Gimmi, telle qu'elle reste pour la postérité, est dominée par un certain nombre de pièces majeures qui s'inspirent de quelques thèmes précis. Et parmi eux, figurent en place d'honneur les spectacles sur lesquels ouvraient ses fenêtres. Le parti qui pouvait être tiré de la situation n'échappa pas une seconde au peintre qui se mit aussitôt au travail. Nous en avons un témoignage par la liste des œuvres qui le 13 mai déjà, furent envoyées à Fanny à l'intention d'un collectionneur qui en avait fait la demande. On y voit mentionnés: Hôtel de Ville, Pont de l'Archevêché, Anémones, Paysage près de Fontainebleau, Pont-Neuf, et *Saint-Gervais!*

Gimmi sort peu le soir, on l'a vu, mais il va faire une double exception digne de remarque car elle révèle une ouverture d'esprit à l'égard des recherches d'avant-garde qui peut aujourd'hui paraître surprenante de la part d'un peintre qui, dans le contexte actuel, passe pour classique ou tout au moins lié à une certaine tradition. Il assiste aux deux galas donnés au Châtelet par les Ballets Russes et en donne un compte rendu enthousiaste. C'est «extraordinaire, ultra-moderne, éblouissant». La deuxième représentation, écrit-il, a encore surpassé la première, «encore plus moderne. Il y avait un ballet cubiste par Picasso qui a provoqué de véhémentes protestations d'une partie du public. C'était rigolo.»

Les relations avec Sonderegger se sont resserrées et les deux hommes en sont arrivés rapidement à une étroite amitié, précieuse pour le peintre. La maison de Sèvres, c'est au moins une fois par semaine une occasion d'échapper à l'isolement pénible à la longue, l'accueil d'un interlocuteur avec lequel, enfin, on peut poursuivre durant des heures des conversations captivantes sur les sujets qui vous tiennent à cœur, dans des tours d'horizon passionnés où l'on aborde à la suite ou tout à la fois les idées sur la vie, les problèmes de l'art et les goûts en littérature. Et puis le lieu est confortable et la table excellente. Gimmi s'y rend souvent le dimanche et presque toujours les jours de fête. C'est le cas à Noël 1917 et le dimanche qui suit, où dans une atmosphère amicale, presque familiale, heureuse, tout est réuni de ce qui peut donner chaud au cœur d'un isolé: «On a mangé de l'oie et de la dinde et on a bu de l'Hospice de Beaune 1906!» s'exclame-t-il avec l'enthousiasme de quelqu'un dont les plaisirs de la bonne chère seront toujours le péché mignon. Quiconque a connu Gimmi ne peut en douter, et la correspondance avec Fanny là encore en donne un témoignage, car les bons repas, les menus, les restaurants ou les petits bistrots dont on se repasse confidentiellement les adresses y occupent une place non négligeable; c'était un gourmet habile à apprécier toutes les finesses de la cuisine, les qualités subtiles d'un vin bien élevé, et qui, sous l'empire des circonstances pouvait se nourrir simplement mais ne supportait pas de mal manger. La vie d'artiste, dans les années de jeunesse, est souvent faite de contrastes. Il arrive ainsi à notre peintre de passer d'un extrême à l'autre et du frugal repas à un ou deux francs vin compris aux plus riches tables de la capitale, notamment lors des visites de Tanner pour lequel il se révèle décidément un prospecteur avisé. Grâce à lui, la galerie de la Bahnhofstrasse peut s'enorgueillir de la possession de quelques beaux fleurons de la peinture française, et par ailleurs à Paris, surtout en ces temps de guerre, on n'est pas mécontent de trouver des débouchés à Zurich. Les opérations conclues à la satisfaction générale, on sacrifie au rite habituel et les deux hommes sont traités fastueusement chez Drouant ou La Pérouse, deux temples de la gastronomie, dont les portes ne s'ouvrent qu'aux portefeuilles bien garnis.

Gimmi, en ce début de 1918, est plutôt optimiste. «Ces derniers temps, j'ai assez bien travaillé et j'espère que cette année sera fertile. Je ferai probablement des choses plus hardies, mais sans extravagance.» Il a envoyé une caisse de dix tableaux à Zurich, parmi lesquels un *Intérieur de café*, un *Nu devant ciel bleu-vert*, une *Femme assise en robe violette* et un *Nu devant la porte*. Les relations avec Tanner qui est content des peintures sont excellentes et la dernière exposition à Zurich a bien marché. Malheureusement, cela ne va pas durer, et des nuages s'accumulent à l'horizon. Après un nouvel envoi, le marchand annonce que trois tableaux ne lui plaisent pas et qu'il ne les montrera pas. Gimmi prend très mal la chose et l'on est au bord du conflit. Il a laissé au pays trois amis de jeunesse auxquels il restera toujours fidèle: les peintres Häusermann et Dreher et le sculpteur Gisler. Les deux derniers, conjointement avec Fanny, rendent de nombreux services à l'exilé et se font volontiers ses agents bénévoles auprès des milieux artistiques zurichois, tant pour les démarches à accomplir que pour les expéditions et les transports de tableaux. Or, dans ses observations au peintre, Tanner laisse entendre que les deux amis partagent son opinion, et cela est grave, car les reproches faits à une peinture de plus en plus sombre et schématique débouchent sur la conclusion que l'on voit bien que Gimmi est trop affecté par l'atmosphère de la guerre, que cela lui enlève ses moyens et qu'il ferait mieux de rentrer en Suisse. Cette dernière remarque fait plus de dégâts que son auteur ne le pouvait prévoir car elle touche un point sensible. Gimmi tient à Paris, mais l'idée, qu'il chasse toujours immédiatement après, lui vient parfois qu'il serait peut-être plus raisonnable de rentrer à Zurich car c'est là, pour l'instant, qu'il a ses premiers amateurs, ses véritables soutiens et qu'il vend. Les débouchés que lui procure Tanner sont sa seule source de revenus, et pourtant, telle est son indignation, il envisage de rompre, et la philippique qu'il adresse au marchand et dont on a heureusement conservé une copie montre bien que ce n'est pas une idée en l'air. On y lit qu'il a beaucoup d'estime pour le marchand, mais qu'il ne lui reconnaît aucun droit à la critique. D'ailleurs ce dernier n'y comprend rien puisqu'il ne voit que sécheresse «où je vois formes sans maniérisme, où je cherche à me dégager de l'impressionnisme, et même de Cézanne». Cette lettre est précieuse car, comme il en fait la remarque, il ne livre jamais rien de sa pensée artistique sur laquelle, une fois n'est pas coutume, nous avons droit à quelques explications. «Ma sœur», écrit-il à Tanner, «m'a envoyé récemment un livre sur la jeune peinture suisse. Eh bien, il n'y a rien là-dedans qui puisse me faire peur pour l'avenir, je le dis sans vantardise. Je vois bien que tout le monde est cézannien, que tout le monde fait du modernisme (Sécession, Salon d'Automne) mieux que Picasso, Matisse et Renoir, mais je ne veux pas faire comme tout le monde et je suis certainement plus moderne en évitant les pastiches. Le passage par Cézanne était nécessaire – je ne nie pas les influences, au contraire, ce sont des influences digérées – mais je n'ai jamais cherché à me créer une manière habile et facile, au contraire. Il faut renoncer à beaucoup de choses si l'on veut créer quelque chose de durable, car faire plus habile que Matisse sera passé de mode d'ici quelques années. Attendons. Croyez-moi j'ai beaucoup vu et beaucoup observé et je peux dire sans prétention que je connais la peinture moderne dans toutes ses manifestations.»

«C'est justement à cause de cela que je ne veux pas faire de l'après-Picasso, de l'après-Matisse ou de l'après-Renoir, et que je suis «sec» par conscience et que je renonce à certains charmes de la couleur que j'ai connus mieux que ceux qui me critiquent. Cela ne veut pas dire que je resterai dans cette époque «sèche» qui vous laisse «indifférent», mais ce que je ferai après ne sera pas ce que j'ai fait avant ce développement que vous appelez décadence.» Revenant sur la suggestion de rentrer en Suisse, Gimmi ajoute: «Etre dans la purée ne m'effraye plus, cela m'est égal et je sais ce que je veux et ce que je vaux. Et si je vous disais que je trouve ici des gens (malgré mon isolement) qui m'approuvent, comme par exemple ce Monsieur Basler, un homme avisé je vous assure, un vieux qui a assisté à tout le développement de la peinture moderne! Sans me faire d'illu-

sions, je ne perdrai pas le contact avec Paris. Je ne veux pas perdre les rares relations que j'ai trouvées sans les chercher… Je signe mes toiles et suis parfaitement lucide, peut-être mieux que jamais.»

On ne connaît pas la réponse à cette lettre, ni les suites de l'algarade. On sait seulement que les relations avec Tanner ne furent pas rompues, mais que l'artiste comprit qu'il ne devait pas être à la merci d'un seul marchand. Cela lui apparut d'autant plus clairement qu'il ne se vantait pas dans sa lettre et qu'à Paris on commençait à s'intéresser à lui, qu'en fait sa carrière parisienne était en train de s'amorcer. Adolphe Basler, auquel il fait allusion dans sa lettre, qui a laissé un nom dans l'histoire au début de ce siècle, celle de Montparnasse en particulier, comme critique d'art et courtier en tableaux, et dont le flair et la sûreté de jugement en matière de jeune peinture ont fait la réputation, s'est intéressé à lui depuis quelques temps, et lui a acheté à plusieurs reprises des tableaux qu'il a immédiatement revendus. L'expérience est si concluante que Basler parle d'organiser des expositions à Paris et en Angleterre, et préface une de ses expositions. Et cela n'est qu'un prélude, car beaucoup de choses vont bientôt marquer le début d'une nouvelle ère dans cette jeune carrière.

1919, la guerre est finie depuis novembre dernier. A Fanny qui lui a annoncé que pour ses étrennes elle s'est offert un fer à repasser électrique il écrit: «quel luxe, moi qui m'éclaire au pétrole!» En ce début d'année, il est allé au Nouveau-Cirque à une matinée donnée au profit des veuves et orphelins des volontaires suisses. Il a pu, enfin, retourner plusieurs fois au Louvre à nouveau ouvert, et au Musée des arts décoratifs pour voir la collection Moreau-Nélaton (de beaux petits Corot et Delacroix, et le *Déjeuner sur l'herbe* de Manet!). Il se réjouit de voir bientôt la grande exposition Daumier annoncée, et revenant sur sa visite au Louvre précise: «Les Egyptiens, les Assyriens et les antiques sont peut-être mes amis les plus sûrs.»

Durant l'épidémie de grippe qui avait sévi en Suisse l'année précédente, il s'était fait beaucoup de soucis pour les siens, et c'est lui finalement qui en est la victime. Assez sérieusement touché (son cas est compliqué d'une pneumonie), il peut vérifier la valeur des vraies amitiés car le Docteur Charoppin et sa femme, qui ont eu la douleur de perdre l'un de leurs fils à la guerre peu avant l'armistice, le recueillent au boulevard Barbès et le soignent durant toute sa maladie. Grâce à cette sollicitude, il s'en tire sans trop de mal si ce n'est la perte de quelques kilos. Un autoportrait exécuté peu après nous le montre très amaigri.

Paris, après l'enthousiasme qui a salué la victoire, reprend la vie normale du temps de paix. Les manifestations artistiques se multiplient, tous les cœurs sont gonflés d'espoir. Une galerie expose *l'Atelier* de Courbet: une souscription est ouverte pour donner ce chef-d'œuvre au Louvre. Gimmi, qui vient de terminer la lecture des œuvres de Taine et de Renan s'est attaqué à la correspondance de Stendhal dont il apprécie l'esprit froid, sceptique et observateur, et a enrichi sa bibliothèque d'un ouvrage qu'il cherchait depuis longtemps, *David et son siècle* publié sous la signature de Delécluse en 1840. Mais surtout il travaille ferme en vue des expositions qui l'attendent et des Salons auxquels il s'est enfin décidé à faire des envois. 1919, c'est dans la vie de Gimmi une grande année, une année clé, une étape capitale puisqu'elle marque la fin des temps obscurs et le départ des conquêtes qui vont en couronner les efforts. Sous ce rapport, le Salon d'Automne est le grand événement, qui ne sera peut-être d'ailleurs pas sans exercer une influence sur les autres. Gimmi, toujours inconnu et vivant à l'écart des cénacles dépose discrètement ses tableaux et son inscription au secrétariat du Salon. Il n'y connaît personne et n'a pas davantage de relations au sein du comité ou de la commission d'accrochage; il ne se fait pas trop d'illusions mais il faut bien commencer un jour. «Dans ce temps-là», aimera-t-il répéter plus tard,

«on n'exposait pas ses premiers essais.» Mais cela fait dix ans qu'il lutte, qu'il cherche, qu'il médite sur les problèmes de son art, et les choses se sont clarifiées, ses idées se sont précisées, sa vision a pris une forme dégagée des conflits que pouvaient créer dans son esprit les influences et beaucoup de tentations contradictoires. Il n'en est plus aux tentatives, il aborde l'époque des réalisations. Et le temps est venu de se mesurer dans les grandes confrontations. Ce qu'il fait, et le résultat dépasse ses plus folles espérances. Il croit rêver en effet en découvrant qu'on l'a placé, lui l'inconnu, dans une salle d'honneur où il a pour compagnons de cimaise Bonnard, Matisse, Marquet et Dunoyer de Segonzac. Pour une entrée, c'est une belle entrée, et par la grande porte. Il n'a pas à faire antichambre, son œuvre parle pour lui et on le nomme tôt après sociétaire du Salon.

C'est merveilleux et ce n'est pas tout, puisque Berthe Weill lui organise dans sa galerie de la rue Taitbout sa première exposition personnelle à Paris. La préface est rédigée par l'écrivain André Thérive dont l'autorité en la matière est largement reconnue. Les trente-huit peintures et dessins réunis pour la circonstance se rapportent au travail des dernières années et montrent ainsi différents stades d'une évolution dont l'intérêt est loin de passer inaperçu. L'exposition est un succès, c'est même une manière de consécration, et l'artiste gardera toute sa vie une inaltérable reconnaissance à l'égard de cette marchande courageuse, intelligente et perspicace, dont le nom est associé à l'aventure artistique de peintres tels que Modigliani, Matisse et Marquet, et qui lui avait donné sa chance. Il exposera encore à mainte reprise rue Taitbout, où il aura toujours le même succès. En attendant, son envoi aux Indépendants, où figure entre autres un portrait de femme au chapeau de paille, est également bien accueilli par le public et la critique. Un grand pas en avant a décidément été fait. A l'invitation du critique Louis Vauxcelles qui lui demande un dessin à publier dans *l'Amour de l'Art*, il se rend chez lui et reçoit un chaleureux accueil du maître de céans et d'un autre visiteur, le poète Joachim Gasquet, ami et combourgeois de Cézanne, qui lui adresse des compliments enthousiastes. Vauxcelles prend deux dessins; il avait la veille acheté une petite peinture à l'exposition où le ministre Albert Sarrault avait acquis lui-même un tableau et une aquarelle.

Le mouvement d'intérêt qui s'est créé autour de l'artiste commence à prendre des proportions réjouissantes. C'est en 1919 également qu'a lieu la première rencontre avec Jacques Rodrigues-Henriques, et l'année suivante les premiers contacts avec la galerie Druet qui en mars expose quelques grandes aquarelles. A peu près à la même époque, Gimmi participe à une collective à la galerie Devambez, et c'est important car les exposants sont peu nombreux et occupent tous une place de premier plan dans le mouvement moderne. Son nom apparaît de plus en plus souvent sous la plume de la critique, et il figure notamment parmi les quelques privilégiés cités sur l'ensemble considérable des exposants du Salon des Indépendants. André Salmon, entre autres, lui consacre une chronique et une revue de Barcelone publie un article illustré en français. Adolphe Basler conserve des œuvres en permanence, qu'il vend à des collectionneurs; un Dr Graber qui dirige un salon à Bâle demande à y faire une exposition et le Kunsthaus fait la même proposition pour Zurich. En une année, le mouvement s'est déclenché, et dans de telles proportions qu'il s'y fait plus de chemin vers la communication et la notoriété que durant les dix années qui ont précédé.

Le cercle des amis s'étend quelque peu. Le peintre bâlois Paul-Basilius Barth, fixé lui aussi à Paris, fait des visites au quai d'Anjou, l'ami Dreher, chez qui Gimmi passe quelques semaines de l'été 1920 à Brienz, s'offre de temps en temps un saut à Paris, et la tradition des colloques à Sèvres avec Sonderegger est jalousement respectée. Ce dernier, au demeurant aura été à cette époque indirectement touché par l'un des deux événements dramatiques qui sont survenus presque coup sur coup dans la vie de son ami. Gimmi n'a jamais été prodigue de renseignements sur sa vie privée qui reste dissimulée et l'objet du plus grand mystère même pour les intimes auxquels, sur tous les autres sujets, il aime faire ses confidences. Les amours de Gimmi? Nous les connaîtrons mal et, respectant sa volonté de discrétion, ne cherchons pas à en savoir davantage. Il y a eu des femmes dans sa vie, bien sûr, et avant son mariage plus d'aventures sentimentales qu'il ne l'a laissé soupçonner. C'est un sensuel qui aime les belles filles et ne reste jamais insensible à leurs attraits. Cela nous le savons. Dans ses lettres, il fait souvent allusion aux modèles qui viennent poser dans son atelier. Mentionne-t-il la présence d'une femme à une réunion? Il manque rarement d'ajouter quelques commentaires sur son aspect physique. Lorsqu'un jour il est avec un ami invité chez le grand couturier Lucien Lelong, sa principale remarque en rentrant chez lui est pour la beauté des mannequins, de même qu'après une soirée dans un music-hall, il note simplement dans le journal qu'il tient à ce moment-là: «Jolies filles.» Qu'il ait été un fervent admirateur du corps féminin, d'ailleurs, son œuvre en témoigne abondamment. A côté de tant de portraits et de scènes à personnages laissés par l'artiste qui se voulait avant tout peintre de figures, les nus, les compositions aux baigneuses reviennent constamment, à toutes les époques, et représentent l'une des parties les plus significatives de son art, ce que Gotthard Jedlicka a souligné en affirmant que Gimmi devait être classé parmi les trois grands peintres de la femme que nous ayons en Suisse.

Vers le début de l'hiver 1919–1920 s'était établi un échange de correspondance entre l'artiste et une jeune cousine de Sonderegger vraisemblablement connue à Sèvres et alors fixée à Genève. Echange de lettres dû visiblement à l'initiative de la jeune femme à laquelle Gimmi ne répond qu'avec réticence et en s'efforçant de maintenir dans ces relations le ton de la plus stricte courtoisie. Mais bientôt les messages qu'il reçoit deviennent plus tendres et plus pressants, ne cachant plus les sentiments qu'il inspire bien malgré lui, ce qui le plonge dans un certain désarroi car il ne craint rien tant que ce genre d'attachement. Dans une telle situation, le mieux, pense-t-il, est de couper court et il se réfugie dans un silence prudent qui paraît faire son effet car il n'entend plus parler de rien et l'affaire semble s'être dénouée sans dommage. Las! une tragique nouvelle vient le détromper au début de février: la jeune fille a mis fin à ses jours. C'est un terrible choc pour Gimmi qui, toujours scrupuleux, craint d'avoir une part de responsabilité dans la tragédie dont il serait peut-être la cause involontaire. Heureusement le premier à le rassurer est Sonderegger qui n'eut lui-même pas vu d'un bon œil une idylle entre les deux jeunes gens, en égard à la mauvaise santé nerveuse de sa cousine, véritable cause du drame. Mais Gimmi, très frappé, a de la peine à s'en remettre. La nouvelle a paru dans les journaux en Suisse et, ne serait-ce que pour cette raison, il se doit de donner quelques explications à sa sœur. Dans sa lettre, il insiste sur la prudence observée dans une correspondance qui lui paraissait anodine et ajoute: «Bien que j'aie toujours invoqué pour moi toutes les raisons contre un attachement, cette mort me brise… J'ai vu mourir une amie – celle que j'appelais mon modèle – l'année passée, mais je voyais venir la mort, tandis que cette fois-ci, je ne m'y attendais pas.» C'est seulement par cette phrase écrite sous le coup de l'émotion un an après la fin, que Fanny apprenait de son frère l'existence d'une liaison que nous savons, nous, avoir été un sincère amour, le grand amour sans doute de sa vie. Fernande, c'était son nom, nous la connaissons par les très beaux portraits auxquels elle a prêté son visage. Elle était entrée pendant la guerre dans l'atelier du quai d'Anjou comme modèle, puis avait pris rapidement beaucoup d'importance dans l'existence du peintre qui cette fois ne s'était pas défendu

contre la menace des liens que pouvaient entraîner ses sentiments. Gimmi, malgré le souci qu'il avait de préserver son indépendance et sa vocation de célibataire déclaré aurait-il épousé Fernande si les circonstances l'avaient permis? C'est encore une question qui restera sans réponse mais qu'on est en droit de se poser. De toutes façons, la jeune femme n'était pas libre et bientôt la maladie devait rendre vains tous les espoirs en l'avenir: la tuberculose ne pardonna pas.

Plus jamais le nom de Fernande n'a réapparu dans les lettres à Fanny, mais le journal tenu près de vingt ans plus tard pendant environ une année par l'artiste, on lit à la date du 2 août 1936: «Essayer le vieux motif des soldats à la gare de l'Est en 1917 avec les dessins faits d'après Fernande. Je ne l'ai pas oubliée, les visites à l'hôpital, l'enterrement, ses dernières lettres…»

Bien sûr, la vie continue et l'artiste surmonte sa peine; c'est heureux car sa carrière est en pleine ascension et sur ce plan-là, il commence à vivre ses années certainement les plus exaltantes. Au Salon des Indépendants de 1921 où il présente une composition avec trois nus, une vue du Pont-Marie avec des personnages et une composition dans un intérieur, il a été placé dans la meilleure salle avec les exposants les plus importants. A Winterthour, une *Tête de femme* est entrée dans la collection Reinhart, et à Zurich, en novembre, au Kunsthaus, il est l'objet d'une présentation flatteuse dans une collective où il figure avec pas moins de cinquante-sept huiles, pastels et aquarelles parmi lesquels une Espagnole de 1913 et des travaux des cinq dernières années. L'affaire en outre se solde par un résultat convenable avec la vente de cinq tableaux. Il travaille intensément et se manifeste de plus en plus, ce qui ne l'empêche pas de trouver le temps nécessaire pour la visite des musées et des expositions importantes. Il y en a eu deux récemment qui l'ont captivé: l'une de maîtres hollandais où Vermeer accapare toute son admiration, l'autre d'Ingres, qu'il qualifie d'extraordinaire, où il retourne plusieurs fois. En 1922, il expose à deux reprises chez Bernheim Jeune, en mai tout d'abord, puis en novembre. Au dernier vernissage, plusieurs critiques le félicitent de son dernier envoi au Salon avec une chaleur qui le surprend. Il a encore un peu de peine à croire à ce qui lui arrive, et il faut l'insistance de ses interlocuteurs pour le convaincre de la réalité de ce qui longtemps avait été pour lui un rêve: il est «lancé». Au surplus, il sait qu'un objectif essentiel a été atteint: il vit, et même largement de sa peinture car il vend beaucoup et un peu partout. Il existe, et à partir de ce moment, il est déjà Gimmi, de l'Ecole de Paris, un peintre qu'on invite à exposer à Strasbourg avec Derain, Matisse, Dunoyer de Segonzac, Dufy; à Genève à l'exposition internationale; à Munich dans la grande galerie Tannhäuser, l'un des temples de la grande peinture française en Allemagne. Lors du Salon des Tuileries de juin 1923, la critique est unanime à faire son éloge. Son portrait de femme est une des pièces maîtresses de l'exposition; on en loue le «modelé dans le bleu pétri de lumière froide, la composition, la pureté de forme et la sincérité du style». Pour Louis Vauxcelles, Gimmi est «l'un des distingués artistes de sa génération».

L'année 1923 est assombrie par la mort du père que son épouse suivra dans la tombe trois ans plus tard. Ce sont des épreuves pénibles pour Gimmi dont on a déjà dit l'esprit de famille. Il se sent alors déchiré entre la nécessité pour lui de vivre en France et son regret d'être séparé de ses proches, de Fanny surtout maintenant, qui ayant toujours vécu avec ses parents est encore plus affectée, et qu'il s'efforce de réconforter dans des lettres où «bien que nous n'ayons pas l'habitude des épanchements», il lui exprime toute son affection et témoigne de sa délicatesse de sentiments.

Pendant une douzaine d'années, Gimmi ne s'est guère éloigné de Paris si ce n'est pour des déplacements dans les régions environnantes ou des voyages assez courts en Suisse. En 1921, il va pour la première fois s'installer pour quelques semaines en province, ce qu'il prendra l'habitude de faire chaque année au printemps ou au début de l'été. Ce premier séjour provincial a pour cadre la petite ville de Cahors, dans le Lot, où il retournera à plusieurs reprises et qui lui inspirera à chaque fois d'excellents paysages. Le premier, exposé au Salon d'Automne, fut vendu l'année suivante par la galerie Bernheim qui, avec Berthe Weill, est un des marchands permanents de Gimmi à Paris. Il y en aura d'autres. Les propositions se font même si nombreuses qu'il faut bientôt en repousser une bonne partie, faute de tableaux et aussi parce qu'il ne serait pas de bonne politique de s'éparpiller. L'avantage, lorsque l'on se trouve en présence de beaucoup d'offres, c'est qu'on a le choix et celui de Gimmi se porte vers deux marchands avec lesquels il va se trouver associé pendant toute une période importante de sa carrière. C'est tout d'abord Druet, importante galerie de la rue Royale où un premier essai dans une collective en octobre 1923 est plus qu'encourageant puisque tout est vendu, en bonne partie à des amateurs américains. Une exposition personnelle est alors décidée dans la même galerie pour le printemps suivant, qui aura le même succès. Druet alors propose un contrat que Gimmi, toujours soucieux de son indépendance, refuse, mais il accepte une convention donnant au marchand le droit de première vue, ce dernier s'engageant à prendre la moitié de la production. En vertu de cet accord, Druet le 30 octobre 1924 achète la moitié de l'atelier et Rodrigues, petit-fils Bernheim et beau-fils de Félix Vallotton qui tient une galerie rue Bonaparte, emporte l'autre moitié. Il n'y a plus qu'à se mettre au travail. Avec un pied sur la rive droite et un autre sur la rive gauche, Gimmi, qui n'a pourtant rien d'un Ravaillac, est décidément bien implanté à Paris. Les expositions alternant entre les deux galeries lui assurent une présence permanente au premier rang de la vie artistique de la capitale dont il est devenu une personnalité, participant parfois au jury d'un Salon, il lui arrive de plus en plus souvent d'être appelé à se faire représenter par ses œuvres dans des expositions de peinture française moderne à l'étranger. Ses tableaux entrent dans les musées; quatre sont au Luxembourg : *Grand nu au manteau de fourrure, Paysage de Saint-Rémy, Le Cirque,* et *Femme à table,* acquis en plusieurs fois entre 1926 et 1930. Il y a aussi les musées d'Alger, d'Albi, le Musée des Colonies dont le conservateur, l'écrivain Ary Leblond, est un admirateur enthousiaste, et en Suisse, le Musée d'Aarau depuis 1928. Ce sont là les années les plus fastes, le marché de la peinture connaît une sorte d'âge d'or, et la galerie Druet qui à plusieurs reprises renouvelle la convention et en améliore les conditions faites à l'artiste ne se contente plus de prendre la moitié de l'atelier : il lui arrive d'en emporter les trois-quarts et même la totalité.

Durant cette période, l'entourage de Gimmi se modifie. Sans compter ses nombreuses relations dans le milieu artistique, parmi lesquelles on peut citer pêle-mêle les habitués de Druet : Bissière, Maurice Denis, Marquet, Utrillo, André Lhote, ou ceux de chez Rodrigues : Bonnard, Vuillard, Félix Vallotton qu'il vit souvent mais regrettera plus tard de n'avoir pas mieux connu, et Dunoyer de Segonzac qui venait en voisin – il a quelques amis français, tous peintres, avec lesquels il aime se retrouver devant un verre en fin de journée chez Lipp ou aux Deux-Magots, ou devant la table d'un des bistrots qui composent son itinéraire gastronomique, qui va du casse-croûte du Père Sévin à Dagorneau à la Villette en passant par Ducottet qui, aux halles, servait un mémorable haricot de mouton. Celui qui lui est le plus proche, parmi eux, est un peintre alsacien, Simon-Lévy, avec lequel il a de passionnées conversations sur Cézanne. Il y a un autre Alsacien, Welsch, et Richard Maguet dont on conserve un portrait de la main de Gimmi, le sculpteur Gimond, Maurice Savin, un autre sculpteur, Cornet qui tous à l'occa-

sion sont les hôtes de l'appartement du quai d'Anjou et fraternisent avec les amis suisses : Charles Häusermann, peintre et joueur de billard qui apportait souvent des victuailles, Guggenbühl, le sculpteur Auguste Suter et son presque homonyme et confrère Ernest Suter, et un peu plus tard Barth et Raoul Domenjoz. Se situant un peu à part, mais non moins précieux et fidèle ami, il faut citer l'écrivain bâlois John Vuilleumier qui ne faisait à Paris que des séjours épisodiques, mais qui, très attaché à Gimmi, lui témoigna souvent son dévouement et fut, avec Gotthard Jedlicka, l'un des premiers à se faire le champion du peintre dans ses chroniques adressées aux journaux suisses.

Gimmi, on l'a déjà dit, était un homme d'ordre et méthodique, assez grand, d'une sveltesse qu'il perdra plus tard pour prendre une silhouette plus trapue, le front large, un peu dégarni, avançant au-dessus d'un regard mobile constamment aux aguets, il porta toujours et en toutes circonstances le plus grand soin à sa tenue vestimentaire qui en aucune façon ne dénonçait en lui l'artiste, mais lui donnait plutôt l'air d'un bourgeois – ce qu'il était réellement d'une certaine manière par les principes hérités de sa famille, son éducation, son goût de l'épargne révélateur d'un souci de l'avenir qu'il gardera longtemps et, avec une tendance intime aux aventures intellectuelles, une incontestable réprobation à l'égard des manifestations extérieures. Il ne cherche pas à se créer un personnage, il se trouve en être un par la force des choses, mais pour le savoir, il faut le connaître. Jamais il ne se met en avant et encore moins ne se donne en spectacle. Son rôle est volontairement passif, c'est celui d'un observateur qui préfère rester en retrait pour plus sûrement saisir sa proie : à la campagne le jeu de la lumière sur les couleurs et les formes qu'elle découpe et isole, comme il le fait lui-même dans sa peinture – en ville le caractère, les attitudes et le comportement des gens.

Sa vie est parfaitement réglée. Il est levé tous les jours à six heures et travaille toute la matinée à l'atelier, souvent avec le modèle. L'après-midi est fréquemment consacré aux déambulations à travers la ville ou dans les environs, le carnet de croquis toujours à portée de main, car il ne cesse de dessiner. Ce sont alors les fameuses visites aux musées, Guimet, Cernuschi, et les longues stations au Louvre où il interroge les maîtres et réalise plusieurs études d'après Poussin dont l'art est pour lui une des plus importantes sources d'enseignement. Il aime l'atmosphère de la rue, le spectacle de la foule anonyme affairée dont le flot brassé est l'image même d'une humanité courant vers on ne sait quels destins, et se plaît à s'attarder longuement dans les cafés à discuter avec ses amis ou à regarder, inlassablement, vivre le peuple de Paris. Il sort peu le soir, va rarement à l'Opéra ou à l'Opéra-Comique, mais assez souvent au cirque Médrano ou au Cirque d'hiver. Au théâtre, il a une prédilection pour Dullin et Pitoëff et d'une façon générale pour les troupes du Cartel, et c'est au Théâtre des Capucines qu'il a pris les croquis des différentes versions de *La Loge* parmi lesquelles l'une des pièces maîtresses de son œuvre. Cependant, au cirque comme au théâtre, il préférait suivre les répétitions dont l'atmosphère convenait mieux à ses méthodes de travail.

Durant toutes ces années, la production de l'artiste, considérable, peut se diviser en deux parties où l'on voit d'une part les thèmes parisiens, de l'autre les tableaux inspirés des études faites durant les voyages et séjours qui prennent de plus en plus d'importance, en province et généralement dans les régions méridionales, mais il y a des exceptions, comme en 1924 où il fait un saut à Rouen avant de consacrer trois semaines à Albi, Sète, Montpellier et Grasse. En juillet 1926, il passe une semaine à Biarritz dont le climat mondain lui déplaît, puis fait des excursions en pays basque et dans les Landes dont il apprécie la rusticité. C'est un vrai pays agricole, pays d'élevage aussi et il n'a jamais vu autant d'animaux. Il est séduit par le spectacle de chevaux courant en liberté, des troupeaux de vaches, des troupes de canards et des oies si nombreuses que de loin les champs paraissaient blancs. De là, il se dirige sur Souillac où il reste une semaine à faire des croquis de la petite ville à cheval sur la rivière qui coule au fond de la vallée, puis sur Montauban, et enfin sur Cahors où, dit-il, il a sérieusement travaillé. L'année suivante, il repasse par Montpellier, retourne à Albi où sa chambre donne sur la cathédrale qu'il traite sous tous les éclairages, à Sète où il fait des croquis sur le port, traverse Nice, puis Monte-Carlo où, dit-il, il est impressionné par «la laideur des têtes, surtout des femmes!» Il n'insiste pas et on le retrouve tôt après dans des lieux plus chers à son cœur, aux Baux-de-Provence («Un paysage fantastique, on se dirait au Mexique»), puis en Avignon, dont les environs sont à ses yeux aussi beaux que la campagne romaine. Dans la cour du château des papes, il assiste à une représentation d'Hamlet.

A son retour à Paris, il lui faut se remettre au travail. L'atelier a été vidé par Druet et Rodrigues, il ne lui reste qu'un mois pour terminer six tableaux en cours d'exécution, les deux expositions ayant lieu presque simultanément. A la rue Bonaparte, cinq pièces importantes ont été vendues avant le vernissage, et chez Druet, il prend figure de vedette. Les ventes ont bien marché dès le premier jour et les félicitations de Vuillard et de Maurice Denis ne sont pas celles auxquelles il reste le moins sensible.

Tout va donc pour le mieux, mais le bonheur n'est jamais complet ni vraiment durable. Deux ans auparavant, le jour de son anniversaire, il avait écrit à Fanny: «J'ai quarante ans, c'est le moment de faire des chefs-d'œuvre!» Et en ce début de 1928, les chefs-d'œuvre se font un peu tirer l'oreille. Tous les peintres connaissent ces passages à vide qui sont pour eux, plus que n'importe quoi, déprimants. Même quand d'autres difficultés surgissent, déboires ou autres déceptions, la peinture est le sûr refuge. Lorsque c'est la peinture qui ne va pas, c'est un peu le sol qui vacille. Gimmi est particulièrement sensible à ce genre de mésaventure; il écrit à Fanny le 10 février: «Maintenant le travail avance de nouveau, mais je n'avais depuis longtemps plus si mal travaillé que ces deux derniers mois. Une toile après l'autre raclée. Et lorsque le travail n'avance pas, cela me donne sur les nerfs. C'est comme si je couvais une maladie.»

«Depuis une semaine cela va mieux. Dans ces moments, on devrait tout empaqueter et partir en voyage. Alors que je dors bien d'habitude, pendant des semaines je suis resté éveillé la moitié de la nuit, souvent relevé pour détruire un mauvais tableau.» Il ajoute aussitôt pour rassurer Fanny toujours prompte à s'inquiéter: «Ces crises ne sont pas aussi graves que peut-être on l'imagine; grave, cela le deviendrait si l'on ne remarquait pas que l'on fait de mauvaises choses!»

Le printemps le ramène à Saint-Rémy-de-Provence, le lieu auquel il est le plus attaché après l'Ile Saint-Louis. Il en aime le site qu'il compare à la campagne italienne de l'Ombrie. Il descend à l'hôtel de Provence: à vingt minutes de là, il gagne un plateau couvert de champs d'oliviers, parsemé de quelques monuments romains, avec à l'arrière-plan des montagnes rocheuses qui complètent un paysage qui est à ses yeux l'un des plus beaux du Midi. Saint-Rémy est un centre international de production de semences de légumes et de fleurs. La vue est merveilleuse qui plonge sur la large surface multicolore des champs protégés du mistral par d'épaisses haies de cyprès, tout au long de la plaine qui s'étend jusqu'à Avignon. «C'est beau à voir», note-t-il, «mais pas à peindre.» Il peint quand même beaucoup, d'autres sujets, puisque à son retour, après cinq semaines, il rapporte dix toiles et une trentaine d'aquarelles. Il envisage ensuite de faire un saut à Anvers pour en étudier le paysage comme il l'a fait à Albi et peindre une vue de la ville, mais ne donnera pas suite à cette idée, remettant plusieurs fois le projet qu'il ne réalisera qu'en 1930 à son retour de Hollande.

Il se rend aux Pays-Bas du 13 au 21 mai. A Amsterdam tout d'abord où il voit tellement de peinture que le soir il ne peut plus se tenir debout. Il aimerait peindre sur place mais en est empêché par la foule qui s'agglutine autour du peintre dès que le chevalet est dressé. L'espoir de pouvoir le faire à Haarlem est déçu pour les mêmes raisons, les Hollandais sont des badauds impénitents, compensation dans la charmante cité fleurie, il passe au moins de beaux moments au musée Frans Hals. Un saut à Zandvoort pour respirer l'air vivifiant de la mer du Nord, puis ce sont à nouveau les musées, à La Haye cette fois, dont les collections admirables valent à elles seules le voyage. Pour les canaux d'Amsterdam, le port de Rotterdam, pour Frans Hals, Rembrandt et Vermeer, il est content d'être venu, mais l'impression générale n'est pas fameuse. Dans le bref reportage qu'il en fait à sa sœur, sont glissées deux remarques qui sont bien révélatrices de certains traits de son personnage. Toutes deux concernent La Haye où il ne restera pas car il charge cette ville de deux péchés capitaux dont l'un au moins est inattendu: elle est négligée («la célèbre réputation de propreté, parlons-en, les poubelles traînent encore dans la rue à midi») et la population est peu plaisante, «particulièrement la féminine»(!). En repartant, il s'arrête à Anvers et visite la ville et le port comme il en avait le désir depuis plusieurs années. La Hollande n'aura pas gagné en lui un nouvel admirateur, car parlant de son voyage de retour, il s'exclame: «Quand j'ai vu depuis le train la cathédrale de Saint-Quentin, toute l'architecture hollandaise m'a paru de la limonade.» Cet été là, il séjourne encore brièvement à plusieurs reprises à Dinan, dans les Côtes-du-Nord, puis à Saint-Malo, au Mont-Saint-Michel et à Cancale.

Dans la capitale, pendant ce temps-là, la situation sur le marché de la peinture se dégrade. Gimmi n'en semble tout d'abord pas très affecté, mais cela est assez grave car dans tout Paris, les ventes sont stoppées net. Y a-t-il trop de peintres, trop de galeries? Ce n'est certainement pas là la raison, mais on va vers le marasme. Druet ne prend cette fois que le quart de l'atelier au lieu de la moitié, et l'exposition qui a lieu dans sa galerie en décembre marche mal. Et encore, n'est-on pas les plus à plaindre car on y voit beaucoup de monde, alors que les autres galeries sont désertes. Tout le monde est touché; l'année suivante Druet n'achète plus rien, pas même à Marquet sous contrat chez lui depuis vingt-cinq ans; Rodrigues lui aussi a des difficultés. Le résultat des envois en Suisse n'est pas plus brillant, malgré la vente d'une *Femme en bleu* par le Kunsthaus de Zurich qui fait l'acquisition d'un *Saint-Gervais* pour ses collections. Une exposition chez Bettie Thommen à Bâle n'amène pas beaucoup de résultats non plus, et celle qui suit à Paris chez Druet en 1931 ne fait que confirmer les mauvaises impressions et c'est navrant car, de l'avis de l'artiste qui présentait cinquante tableaux, c'était la meilleure qu'il ait jamais faite. Modeste consolation, Berthe Weill lui fait une commande d'illustrations, mais c'est médiocrement payé.

Sur le plan des affaires, ce n'est donc plus l'âge d'or, mais ce n'est pas non plus le désastre. Une nature morte aux livres et à la pipe part pour Nantes et cela fait plaisir à Gimmi car elle sera dans un joli musée. Une aquarelle est achetée par une fille de la famille Rothschild, et une deuxième toile entre dans la collection de Marc Peter, ambassadeur de Suisse à Washington – et l'on ne fait pas le compte, ici, des autres ventes qui ont lieu, ici et là, tant à Zurich qu'à Paris.

Un autre événement, presque plus grave, inattendu, surgit, qui va provoquer dans la vie de l'artiste qui n'aime pas les complications de ce genre, de pénibles perturbations. Il reçoit l'avis que la maison du quai d'Anjou va être démolie et qu'il doit s'attendre à vider les lieux. L'affaire est d'autant plus irritante qu'en vertu du bail qui le lie, il n'est pas autorisé à partir avant une décision officielle dont on ne sait quand elle sera promulguée. Cela aura, entre autres

effets, de lui faire manquer une occasion qu'il aura souvent lieu de regretter. L'ancien atelier de Marquet, situé sur le quai Saint-Michel, loué depuis un certain temps par Mademoiselle Des Garêts, camarade de galerie chez Druet et amie de Simon-Lévy, est disponible. Il y a une reprise à payer, mais le loyer n'est pas excessif, les lieux ont été récemment rénovés, il y a une salle de bain, et oh merveille, des fenêtres qui donnent sur la Seine et Notre-Dame. Gimmi est très tenté, mais comme toujours très hésitant. Il hait le dérangement et se trouve totalement désarmé devant ce genre de problèmes. La bonne Fanny est appelée à la rescousse, un voyage à Zurich est envisagé pour qu'on puisse en parler de vive voix, mais finalement on abandonne. Il y aurait une trop forte dédite à payer au gérant du quai d'Anjou. Et alors c'est la chasse au logement, car le congé officiel est signifié. Après avoir vu pas mal de propositions dont celle d'un bel appartement dans le quartier d'en face qu'il ne prend pas pour des raisons financières, mais qu'il regrettera, il porte son choix sur un logement-atelier rue Belloni, dans le quartier Pasteur, près de Montparnasse. Il y a un certain confort et cela le change, parce que depuis dix-huit ans il se passait d'électricité, mais le quartier ne lui plaît pas. Il finira par s'y habituer, mais gardera toujours la nostalgie de l'Ile Saint-Louis, du quai d'Anjou, et de cet appartement sans confort mais où, de sa fenêtre, il avait l'un des paysages les plus poétiques de Paris.

Cela se passe en 1933. 1934 est une année non moins marquante dans la vie de Gimmi, puisque c'est celle de son mariage. Eh oui, l'ours a été apprivoisé, ou tout au moins pris au piège, et celui-là même qui depuis des années n'avait pas assez de sarcasmes chaque fois qu'il apprenait les fiançailles ou le mariage d'un de ses amis, contre tous ses principes, va passer sous le joug. L'événement se préparait depuis un certain temps déjà et ne fut pas le résultat d'une décision brusquée, il s'inscrivait plutôt dans la suite logique de relations qui avaient commencé une dizaine d'années auparavant. L'élue s'appelait Cécile Abramski, du nom d'un lointain mari resté en pays soviétique, dont elle divorça en 1927. Gimmi l'avait connue à Zurich lors d'un de ses séjours, on ne sait plus dans quelles circonstances. Ce qui est certain, c'est qu'à partir de 1924, elle fut sa voisine de palier au quai d'Anjou, et que depuis leurs destins furent liés. La jeune femme sculpteur était mère d'un fils, Benno, et d'une fille, Doussia, qui l'un et l'autre eurent après la Seconde Guerre mondiale une fin prématurée et tragique. Petite, frêle, elle avait du charme, de la douceur et de l'obstination. De santé délicate, craintive et facilement angoissée, elle avait en outre été habituée à vivre dans l'aisance et le confort et s'entendait d'une façon ou d'une autre à mobiliser l'attention, s'arrangeant pour se faire entourer des soins les plus assidus. C'était une petite personne un peu féline – elle partageait d'ailleurs avec Gimmi et comme autrefois Steinlen l'amour des chats – qui prenait beaucoup de place dans la vie d'un homme, et l'on peut sans médire faire la constatation que, pour quelqu'un qui s'était toujours méfié des femmes pour les embarras qu'elles peuvent apporter, notre peintre avait plutôt fait largement les choses.

Les années continuent de s'écouler sur le rythme habituel. La situation sur le marché de la peinture ne s'est pas améliorée mais la vie n'est tout de même pas trop difficile car les ventes encore que de façon irrégulière, continuent. Les voyages en province se succèdent. C'était une très jolie tournée en 1933, par Avallon à Sens, Auxerre, Vézelay et Autun, hauts lieux de l'architecture romane. En 1931, il avait travaillé quelques semaines à Jumièges, dans la Seine-Maritime; en 1935 il reprendra la route de la Normandie et restera une quinzaine durant à Sainte-Hélène, au Cap de la Hague, près des Savin qui y possèdent une maison de campagne. Mais nul site ne détrône Saint-Rémy où entre-temps on l'a revu à plusieurs reprises toujours fasciné par le même spectacle.

Et puis, il y a la rançon du succès, pas toujours désagréable. En janvier 1936, Gimmi se rend à Berne à une invitation à déjeuner avec les conseillers fédéraux Etter et Pilet-Golaz à la suite de l'achat par la Confédération d'un grand *Arlequin*, et quelques mois plus tard, il est convié par le Ministère du Commerce français à prêter des œuvres pour la collection d'art contemporain prévue dans l'enceinte de la grande exposition internationale qui ouvrira ses portes un an plus tard; peu après, il est avisé qu'il est au nombre des dix artistes qui dans la même manifestation seront réunis au Pavillon suisse. Lors du séjour de cette année-là à Saint-Rémy, il va assez loin de l'hôtel travailler sur la nature sur le thème du Mont-Gaussier. Dès cette époque, sa peinture, sans changer véritablement, s'éclaircit. Dans le journal qu'il a tenu exceptionnellement à cette époque, on note à la date du 29 juillet: «Faire un grand tableau, des nus très construits, architecture, couleurs sobres.» Un peu plus loin on lit: «Il faudrait retourner à Saint-Rémy» (il en revient) «pour y faire des choses très simples, des gris en hiver.» On y lit également qu'il songe à faire une peinture de *Don Quichotte et Sancho Pança* dans le chemin creux de Saint-Rémy. C'est un thème qui le hante depuis quelques temps déjà; un tableau de 1929 où l'on voit un personnage assis devant une table, un autre debout, près d'un âne, la scène placée à l'extérieur dans un décor provençal, en était la préfiguration. L'idée fera son chemin, mais lentement, et ce n'est qu'à Chexbres qu'elle sera réalisée, en plusieurs versions, à l'huile et en lithographie.

La vie est particulièrement animée en 1937, en raison de l'Exposition internationale qui est l'occasion d'assez nombreuses manifestations annexes. Gimmi admire tout particulièrement l'exposition des chefs-d'œuvre de l'art français du haut Moyen-Age à Cézanne constituée uniquement de prêts de collections privées. Au Petit Palais se tient durant l'été une grande exposition: «La vie à Paris». Gimmi a été convié à y participer, à sa grande surprise car les manifestations de cet édifice sont réservées aux Français et il est le premier étranger à y être admis. La Ville de Paris y fera l'acquisition d'un de ses tableaux. Il est très bien placé dans la salle suisse du pavillon des beaux-arts de l'Exposition internationale, de même qu'à Vienne, lui rapporte-t-on, où il figure dans l'exposition «Art suisse contemporain» avec la *Femme au chapeau de paille, La Loge* (1932) et un autoportrait de 1933. Dans le courant du mois d'octobre, il s'en va un jour rejoindre quelques amis au petit restaurant du père Sévin. Curieusement, l'assistance autour de la table est beaucoup moins intime qu'il ne s'y attendait et il y voit entre autres, un certain nombre d'artistes qui ne sont pas des habitués du lieu. Au cours de la réception chaleureuse qui lui est faite, il est encore bien plus étonné lorsqu'il apprend que le repas à été organisé en son honneur par le critique Waldemar George, commissaire aux beaux-arts de l'Exposition internationale. Le héros de la fête est d'autant plus touché qu'il n'a pas revu cet écrivain d'art influent depuis au moins un an. Des hommages de ce genre, l'artiste durant toute sa carrière parisienne n'en a pas manqué. Cette anecdote, retenue parmi d'autres, méritait d'être contée pour la brève lumière qu'elle jette sur le climat qui régnait dans la vie artistique de cette époque, et sur l'estime dont jouissait Gimmi dans la capitale. Un autre détail qui a aussi sa place ici pour des raisons analogues, c'est celui qui se rapporte à la lettre qu'il écrit le 30 mars 1938 au poète Camo qui l'a remercié de l'envoi d'un dessin: «Cher Monsieur Camo, vous ne pouvez pas imaginer comme je suis fier de votre amitié. Dans ma vie, j'ai quelquefois regretté de ne pas avoir osé dire à des hommes que j'aimais leur œuvre, que j'étais pris d'amitié pour eux. Dans mon souvenir, vous et votre ami Maillol êtes deux «témoins», deux consolations dans des moments de découragement depuis le jour lointain où j'avais lu de vos poèmes et vu le premier bronze de Maillol dans la vitrine de Vollard. L'envoi de mon dessin est un timide témoignage de cette admiration et de cette amitié…» On relèvera dans cette lettre, sans revenir sur certains aspects maintenant évidents de la personnalité de Gimmi, la mention du nom d'Aristide Maillol, dont rien jusqu'ici ne permettait d'affirmer qu'il l'eut connu. C'est aussi l'occasion de relever que le peintre, toujours, fut passionné de sculpture, un art qu'il a pratiqué lui-même avec talent, mais dont il reste fort peu de choses car la plupart des pièces n'ont pas été fondues, la seule que nous connaissions étant une fort jolie figure féminine exécutée du temps du quai d'Anjou et qui fut moulée en 1936. Certains témoins de l'époque avancent qu'il renonça à modeler pour ne pas porter ombrage à sa compagne, et quelle qu'en ait été la raison, on peut regretter qu'il n'ait pas laissé un plus grand nombre de ronde-bosses. Pourtant, il faut se faire une raison: l'esprit de la sculpture, le sens, le goût amoureux qu'il en avait, ne les retrouvons-nous pas dans le style et une manière qui n'appartint qu'à lui, de toutes ses compositions à figures?

En juin 1938, avec Cécile, nouveau séjour à Saint-Rémy. A son arrivée, le couple est accueilli par le peintre bernois Daepp avec lequel s'est nouée une amitié durable. Pendant un mois, Gimmi travaille sous la lumière de Provence, dans des paysages qui lui sont devenus depuis longtemps familiers et qu'il revoit avec l'émotion que l'on éprouve aux retrouvailles d'êtres chers. Il y vit aussi ses dernières semaines de calme et de relative insouciance, car le ciel s'assombrit. L'artiste est d'abord frappé dans son affection par la mort de son ami Charles Häusermann qui, victime d'un accident de motocyclette, meurt à l'hôpital de Lugano. La disparition subite de cet ami de jeunesse dont il aimait les visites impromptues l'affecte beaucoup. En outre, l'un des piliers sur lesquels reposait depuis 1922 l'organisation de sa vie matérielle s'écroule. Depuis quelques temps déjà, la galerie de la rue Royale, dont Madame Druet avait pris la direction après la mort de son mari, affrontait des difficultés. Celles-ci ne peuvent plus être surmontées, Madame Druet est évincée du conseil d'administration et l'affaire mise en liquidation. C'est la fin attristante d'une longue et féconde collaboration qui durant quinze ans avait absorbé la majeure partie de la production de Gimmi. Le reliquat inscrit à l'inventaire de la galerie est racheté par l'artiste qui en détruit la moitié pour ne conserver que le meilleur. Quelques semaines plus tard un «banquet d'enterrement» réunissait chez Viel cent-cinquante personnes parmi lesquelles, naturellement, tous les artistes de la galerie. Maurice Denis, en qualité de doyen, présidait la cérémonie et dans un discours plein de verve ne cacha pas ses sentiments. Les actionnaires en prirent pour leur grade et aussi le Directeur des Beaux-Arts: après tant d'années consacrées à l'art français contemporain, Madame Druet n'avait même pas la Légion d'honneur! Non sans quelque mélancolie, Gimmi se souvenait d'un autre banquet auquel il avait assisté au début des années vingt dans un grand restaurant des Champs-Elysées. C'était pour les trente ans d'activité de Berthe Weill, Pascin avait dessiné le menu, et l'atmosphère était à l'allégresse.

Heureusement qu'il y avait encore, trop rarement, de ces instants privilégiés par lesquels il était possible, l'espace de quelques heures d'échapper aux soucis. La situation politique en Europe est alarmante. Les menaces d'Hitler, le Pacte de Munich, l'antisémitisme virulent des pays germaniques, le spectre de la guerre qui se fait de plus en plus insistant, cela est grave pour tout le monde, mais Gimmi a des raisons particulières de s'inquiéter: Cécile est d'origine israélite et les événements la plongent dans de folles angoisses. Elle ne songe qu'à fuir et voudrait partir en Suisse. Son mari, lui, à tout prendre préférerait ne pas trop s'éloigner de Paris, et parfois redoute d'avoir soudain, sous la pression des circonstances, à s'en aller brusquement sans même pouvoir emporter ses tableaux, sans compter le chat Gugusse qu'il faudrait laisser à la concierge en espérant revenir bientôt. Sur ces entrefaites, l'ami John Vuilleu-

mier qui va repartir pour New York passe à Paris et propose sa maison de Renan, dans le Jura bernois. La diversion est salutaire. Pendant le séjour en Suisse, la situation semble un peu s'améliorer, et on retournera en France, mais avec le sentiment de plus en plus persistant que l'on vit dans le provisoire. Durant la dernière année à Paris, il y a encore des expositions: une personnelle chez Rodrigues, des envois à Tours à l'Exposition de peinture contemporaine, à la Section de Paris qui accroche dans les locaux de la Légation suisse rue de Grenelle, avec le groupe du Petit-Palais. M. Jean Alazard achète un tableau pour le Musée d'Alger dont il est le conservateur, et Gimmi fait ses dernières visites au Louvre pour revoir ses maîtres de prédilection: Poussin, les Italiens, Cimabue, et «le petit Signorelli qui a sûrement eu beaucoup d'influence sur mes débuts».

En juin 1939, c'est, sur l'invitation de John Vuilleumier toujours à New York, un nouveau séjour en famille à Renan. Gimmi en profite pour aller à Genève voir l'exposition du musée du Prado qui loge provisoirement dans les salles du Musée d'Art et d'Histoire et fait courir toute la Suisse. Il passe à la visiter trois journées exaltantes, émerveillé par les trente-huit Goya, les trente-quatre Velasquez, les dix merveilleux Titien, et les plus beaux Brueghel qu'il ait jamais vus. De retour à Paris, il travaille tout l'automne dans les ateliers de Clot à quatre lithographies dont il se montrera finalement satisfait.

Les derniers mois à Paris s'écoulent dans une atmosphère maussade. Le cœur n'y est plus, quelque chose est cassé. Et puis la certitude est de plus en plus évidente qu'il faudra partir. La décision est prise au printemps 1940. On liquide tout, ce qui signifie qu'il n'y a plus d'espoir de retour. Avant de clore ainsi ce qui restera le chapitre le plus important de sa biographie, Gimmi a un geste qui ne manque pas d'élégance. En témoignage de sa reconnaissance à la France dont il fut l'hôte pendant tant d'années, il fait don au musée du Louvre d'une statue chinoise, la plus belle pièce de sa collection.

On quitte donc Paris pour la Suisse, ce qui ne signifie pas que l'on sait très bien où l'on va. Gimmi avait un temps pensé louer quelque chose à Genève. Il ne l'a pas fait. D'une façon générale, il préférerait se fixer dans la région lémanique plutôt qu'à Zurich où pourtant il se rend d'abord, mais c'est une solution provisoire. Pendant quelques temps, le couple erre de droite et de gauche, incapable de prendre une décision, et puis un jour, on va le retrouver à Chexbres, à la villa Stoucky, une petite maison et un minuscule jardin suspendu au-dessus du village, du vignoble et du lac. Pourquoi Chexbres? Pourquoi pas? Barth y possède une maison, Daepp aussi, ce n'est donc pas tout à fait l'inconnu. L'architecte François Gay, l'ancien voisin du quai d'Anjou habite Lutry, et Domenjoz, qui lui aussi est rentré de Paris, a regagné Lausanne. Et puis, le pays est beau, très ensoleillé, il y a des vignes partout, et côté sud un paysage impossible à peindre mais, sous les éclairages changeants au gré des heures, fascinant à contempler. Bien sûr, la maison n'est pas très spacieuse et en hiver elle est assez difficile à chauffer. Mais quoi, cela ira pour un temps, on ne va pas y passer sa vie...

Et pourtant si. On n'en partira plus. Quels qu'en puissent être les inconvénients, surtout d'ordre pratique, les habitudes qui s'y contractent vite prennent le dessus. Un nouveau déménagement? Quelle calamité! L'éloignement des grands centres, notamment Zurich et Bâle, où la présence du peintre dans les milieux artistiques pourrait lui être utile est certes à considérer mais c'est plus fort que lui, Gimmi aujourd'hui comme hier préfère sinon rester à l'écart, du moins se tenir à distance. Pour tout dire, cet être sensible et qui se sait, dans les rapports humains, vulnérable, ne se sent pas d'humeur à affronter les problèmes que poserait pour lui sa situation en présence de groupes, de chapelles ou de confréries dont il a été pendant si longtemps éloigné – bien qu'il ne fût pas là non plus sans amis. Y aurait-il eu une meilleure solution? La chose est difficile à

établir, et il est toujours vain de vouloir refaire l'histoire. Finalement, tout s'est plutôt arrangé; Gimmi a été heureux à Chexbres autant qu'il était possible et si le quart de siècle de sa carrière qui s'y est déroulé a été moins brillant que la vie qu'il avait connue à Paris, il n'a été ni moins fécond, ni moins prestigieux quant à ses fruits.

Les débuts ont été difficiles. Il fallait s'adapter et durant les premières années surtout, l'artiste souffrit de la nostalgie de Paris. Le travail, cependant, n'eut pas à en pâtir. L'installation dans la petite maison s'était faite somme toute sans trop de complications: la vitrine aux collections d'art asiatique avait trouvé sa place, l'atelier était petit mais convenable et il y avait là sous la main, cargaison précieuse, les cartables bourrés d'innombrables dessins et croquis accumulés durant des années, qui à défaut de modèle, allaient fournir d'excellents éléments aux futures compositions. De Paris à Chexbres, la création enchaîne, dirons-nous, sans transition. Si l'artiste a besoin de la nature pour rester au cœur de la réalité et en contrôler l'expression, sa source d'inspiration essentielle est en lui-même, dans ce monde d'images, de rythmes, de formes qui hantent son esprit, dans cette vision idéale depuis longtemps si nettement déterminée que ses différentes composantes prennent à nos yeux la calme puissance de véritables symboles plastiques. Bien sûr, progressivement, les motifs empruntés au milieu ambiant, les parchets, les murs et les chemins de vignes, les vendangeurs et les bossettes, les vignerons et leurs visages tannés vont faire leur entrée dans sa peinture où ils prendront de plus en plus de place, mais s'ils apportent quelque chose de neuf dans la traduction juste d'un climat et d'un monde différent, cela n'implique aucune rupture. Le style, la pensée exprimée à travers le sujet restent identiques à eux-mêmes; les paysages de Chexbres sont proches de ceux de Saint-Rémy, et l'on voit bien, dans les villageois attablés dans les petits cafés vaudois, les cousins germains des buveurs des bistrots de l'Ile Saint-Louis.

De toutes manières, Gimmi restera toujours plongé dans ses souvenirs auxquels il aura sans cesse recours, aidé en cela par les fameux dessins. De tous temps, il a aimé revenir en arrière sur des études ébauchées, des notes consignées et mises en réserve pour des compositions ultérieures encore que vaguement entrevues. Gimmi, on le sait déjà, travaille assidûment mais sans hâte. Il aime aller au fond des choses et laisser mûrir aussi longtemps qu'il le faut les idées de tableaux qui lui viennent à l'esprit. On en a des exemples avec le thème de Don Quichotte et Sancho Pança qui le tente longtemps avant la guerre et qu'il ne traite qu'après 1942, et avec les portraits de Joyce exécutés à Chexbres, mais sur la base des croquis rapportés de Paris. Il existe de ces derniers plusieurs versions à l'huile de différentes grandeurs, dont l'une des plus importantes appartient aux collections cantonales zurichoises, et une lithographie, une autre à l'huile également faisant figurer aux côtés de l'écrivain irlandais l'un de ses personnages, Madame Bloom. Gimmi était fasciné par l'auteur d'« *Ulysse* » et avait été l'un des premiers, au moins pour ceux qui la découvrirent à travers les traductions, à admirer son œuvre et à en comprendre l'importance. A Paris, il l'avait vu souvent, mais selon une habitude que nous lui connaissons bien, n'avait jamais rien fait pour se lier avec lui. Se tenant en retrait si possible, il se contentait de l'observer, de l'étudier, de le croquer dans toutes ses attitudes et ses expressions familières, revenant infatigablement sur le sujet, notamment lorsqu'il se trouvait dans un certain café de la rue Cardinal-Lemoine où les deux hommes avaient l'un et l'autre leurs habitudes. Il arriva, bien sûr, que le peintre sortit de sa réserve, et le portraitiste et son modèle se connaissaient bien. Ils se rencontrèrent un certain nombre de fois dans des cercles assez intimes et eurent l'occasion de fraterniser, voire dans des atmosphères détendues et plutôt chaleureuses, comme ce fut le cas lors d'une soirée chez le sculpteur Auguste Suter où, après un dîner animé, Joyce se mit au piano et chanta des chansons irlandaises jusqu'à trois heures du matin. Joyce mort en 1941, le peintre conserva son masque mortuaire dont il se servit comme moyen de contrôle pour l'élaboration de ses portraits.

On pourrait citer un certain nombre de thèmes repris périodiquement ou à des époques différentes. Sans compter les nus et les compositions aux baigneuses qui reviennent constamment sur le chevalet, on peut évoquer les figures en costumes espagnols que l'on revoit à vingt ans de distance, *Le Zinc* (1944–1955), *Nana* (1948), *Café à Paris* (1953–1957), *Le Pont Marie* (1948), *La Lavandière au quai d'Anjou* (1957–1958) qui tous peints à Chexbres étaient des sujets déjà traités à Paris. Enfin, il y a les autoportraits, très nombreux, qui apparaissent régulièrement tout au long des années, soit en pied, soit en buste. Le sujet était assez important à ses yeux pour que Gimmi, dans un des cahiers qu'il a laissés, lui ait consacré quelques réflexions. Il y notait que si Delacroix et Corot, par exemple, avaient peu sacrifié au genre, Rembrandt, pour lequel il comptait soixante-deux autoportraits, et Cézanne en étaient de fidèles adeptes. Se référant au maître d'Aix, il défendait l'idée qu'il ne fallait voir là aucun signe de narcissisme, mais un moyen pratique et utile de faire le point en quelque sorte, par des toiles qui sont après coup autant de jalons posés tout au long de la vie de l'artiste, dans une évolution où apparaissent les différences de conceptions, les développements successifs de sa démarche, les changements non seulement dans l'expression de sa physionomie mais aussi et surtout dans son style. L'avantage de l'autoportrait, c'est que le modèle est à disposition et que l'on ne craint ni les pressions, ni les critiques. Nul besoin de flatter: le peintre a devant lui, sur le reflet du miroir un objet docile qu'il observe à loisir sans autre souci que les éternels problèmes de formes et de couleurs, tout le reste n'étant qu'accessoire. Relevant qu'il s'est récemment à nouveau placé devant le miroir pour se mesurer une fois de plus avec les problèmes soulevés par le portrait, il évoque ses nombreux essais, ses hésitations, ses tâtonnements. Le crayon en mains, il fait des esquisses: avec chapeau, sans chapeau, assis, debout, dans une attitude de repos, puis au travail, reprenant interminablement durant des semaines jusqu'à pleine satisfaction l'ensemble du problème, en imaginant les réactions qu'il susciterait s'il avait devant lui un autre modèle. La cause est entendue. Il n'y a pas tellement de possibilités d'étudier sur un visage le jeu des plans qui se déplacent au gré des divers changements d'éclairages – autres que celle-là.

La suite des manifestations en public, elle non plus ne s'est pas interrompue. A peine en Suisse, une exposition à lieu à Zurich à la galerie Aktuaryus: trente-cinq toiles, presque autant de dessins. Suit la participation avec vingt tableaux à l'exposition au Kunsthaus de la Section suisse de la S.P.S.A.S., qui se solde pour lui par un échec lamentable en dépit d'un excellent article de Eichenberger dans *Die Tat*, tandis qu'il partage la meilleure cimaise de l'Athénée à Genève avec Cuno Amiet, René Auberjonois, Barth et Alexandre Blanchet. En mars 1942, les Amis du musée des beaux-arts de Berne font l'acquisition du *Cabaret flamand* et de *La Loge* à son exposition à la Kunsthalle. En dépit de quelques échecs un peu mortifiants, les choses dans l'ensemble ne vont pas si mal si l'on considère – ce qui est tout de même assez dur lorsqu'on a un tel passé – qu'il s'agit de rien moins que commencer une seconde carrière, au moins pour ce qui touche au public suisse. Gimmi, à l'époque, donnait l'impression d'être déçu, mais à y regarder de près aujourd'hui, on constate que les ventes étaient plutôt satisfaisantes et que tant les amateurs privés que les collections publiques l'accueillirent, déjà, en assez grand nombre. C'est entre autres, entre 1943 et 1944, l'entrée du grand *Joyce* dans une importante collection bâloise, celles du *Sulfateur* au musée de Schaffhouse, de l'*Autoportrait* au musée d'Aarau, du *Café des Vignerons* au musée de Lucerne.

A Genève, l'ambiance lui est favorable, empreinte d'une réconfortante sympathie de la part des milieux évidemment restreints mais particulièrement agissants. Ainsi, l'éditeur Pierre Cailler, alors associé aux Editions Skira, est certainement l'un des premiers à saluer la présence dans notre pays d'un talent d'une telle envergure et s'efforce de le faire mieux connaître du public, hélas toujours mal informé des vraies valeurs. Cette sympathie et cette admiration sincères se traduisent dans les faits par la commande de la suite des lithographies pour l'illustration de *Roméo et Juliette au village* de Gottfried Keller qui, publié en 1943, vaut à Gimmi, le Prix de l'illustration du livre. C'est, pour l'artiste qui vient alors de terminer un petit portrait de sa mère d'après de vieux dessins de 1909, un gros travail qui l'occupe assez longtemps et le passionne. Ce sera une remarquable réussite et il conservera toujours de cette expérience un excellent souvenir. Ce fort beau livre qui venait s'ajouter, dans la liste des ouvrages illustrés par l'artiste, à *D'Ariane à Zoé* réalisé en 1930 pour la Librairie de France à Paris, et au *César Capéran* de Louis Codet, édité par la Guilde du Livre Gutenberg de Zurich en 1942, allait être suivi en 1949 par *Adam et Eve* de C.-F. Ramuz, publié à l'enseigne des Editions des Trois Collines à Genève. Toujours sur l'initiative de Pierre Cailler qui établira encore en 1956 le catalogue raisonné de l'œuvre lithographié de l'artiste, a paru, cette même année 1943, la première monographie consacrée à Gimmi: une vivante évocation de Nesto Jacometti, bien documentée et largement illustrée.

La vie continue, sans événement notable, et enfin l'atroce carnage qui déchira le monde pendant près de cinq ans a pris fin. Tout autour de cet îlot de paix qu'est la Suisse, les peuples pansent leurs blessures, relèvent leurs ruines, et pour la deuxième fois en trente ans, réapprennent à vivre normalement. Les frontières s'ouvrent à nouveau, ce qui signifie que la voie est libre qui conduit à la France, à Paris. Contrairement à ce que l'on aurait pu attendre, Gimmi ne s'y précipite pas. Qui plus est, il va montrer une réelle répugnance à retourner dans cette ville qu'il avait tellement aimée et que peut-être, il ne se pardonnait pas d'avoir quitté. Pourtant, tout le monde l'y réclamait, son souvenir restait vivace dans la pensée de ses nombreux amis qui tous étaient unanimes, peintres, marchands, critiques: sa place était ici et on attendait son retour. Nous en avons recueilli à l'époque le témoignage direct, de ceux qui, apprenant que l'on arrivait de Suisse, s'inquiétaient aussitôt: Quand donc nous ramenez-vous Gimmi? Rodrigues, qui jusqu'à sa mort survenue en 1968 conserva en permanence dans la vitrine ou aux murs de sa galerie de la rue Bonaparte des toiles du peintre n'était pas le dernier à regretter l'absence d'un artiste qui, selon lui, n'aurait jamais dû abandonner son atelier de la rue Belloni; et il ne tarissait pas d'éloges à son sujet, se plaisant à évoquer avec une pointe de nostalgie les fins de journées où il voyait revenir autour de lui les familiers: Signac, Luce, Despiau, Vuillard, Roussel, Laprade, autant d'artistes qui firent des échanges de tableaux avec Gimmi et même, tels que Signac, Laprade ou Dunoyer de Segonzac, lui en achetèrent. «Gimmi», aimait à rappeler le vieux marchand, «était très aimé des peintres français.»

Tout cela fut répété à Chexbres, mais ce fut peine perdue. Un chapitre était clos, définitivement. Paris ne revit celui qui avait été l'un de ses peintres choyés qu'à l'occasion de brefs séjours d'ailleurs peu nombreux, et l'artiste ne s'y sentait plus très à l'aise; il avait été trop longtemps Parisien pour se retrouver là en touriste, en dépit de l'accueil qui lui était fait et qui aurait dû modifier son opinion, accueil que symbolise cette scène où l'on vit le peintre s'attablant chez Lipp, salué par un cordial: «Alors Maître Gimmi, un crème clair comme d'habitude?»

En Suisse, dès le début des années cinquante, le vent a tourné du bon côté. La personnalité et l'œuvre du peintre se sont imposées le plus logiquement du monde comme elles avaient su conquérir la capitale de l'art mondial. Les sollicitations pour des expositions parviennent de partout à tel point qu'il devient difficile de les satisfaire toutes. La liste des manifestations auxquelles Gimmi est appelé à participer et de ses expositions personnelles est impossible à publier ici, elle serait trop longue. Un fait est établi, qui résume tout: l'artiste occupe désormais dans le monde artistique de son pays la place qui lui revenait: l'une des premières parmi ceux de son temps. Dans une lettre envoyée en décembre 1956, Rodrigues écrivait: «En 1922, j'étais certain que nous aurions la victoire.» La victoire sans doute la plus précieuse parce qu'elle consacre l'issue d'un pari tenu depuis les années de jeunesse et qui s'inscrit en filigrane dans la longue suite des expositions aux galeries Tanner, Aktuaryus, Wolfsberg et Orell Füssli, c'est celle qui est remportée dans la ville natale, et elle est indiscutable. Les dernières présentations chez Wolfsberg ont fait céder les ultimes réticences à l'égard de l'enfant prodigue, on tue le veau gras à la profonde satisfaction des vieux amis, de Gotthard Jedlicka tout particulièrement dont le soutien intelligent et fidèle n'est certainement pas étranger à l'événement, et qui publie encore en 1961 aux Editions Orell Füssli ce témoignage de qualité qu'est «*Begegnung mit Wilhelm Gimmi*». Aux succès maintenant acquis succéderont les honneurs. En 1952, la Ville de Zurich commande la grande décoration murale qui prendra place l'année suivante dans le cadre aristocratique du Muraltengut, l'élégante maison de réception des autorités municipales. Trois ans plus tard, une réalisation de la même importance, don des universités suisses et de l'Ecole des Hautes Etudes Economiques et Sociales de Saint-Gall, ornait les murs de l'Ecole Polytechnique Fédérale. Enfin, honneur suprême qui ne pouvait qu'effacer jusqu'aux dernières traces des anciennes amertumes, Gimmi recevait au cours d'une cérémonie solennelle dans la grande salle de la Tonhalle, le Grand Prix des arts de la Ville de Zurich pour l'ensemble de son œuvre. C'était le 16 décembre 1962.

Dans le train qui après ce grand jour le ramenait vers les rives du Léman, l'artiste qui quelques mois auparavant avait fêté ses soixante-seize ans pouvait non sans émotion méditer sur les caprices du destin qui fait et défait les vies, se joue des hommes et les met à l'épreuve, distribuant avec une indifférence aveugle les joies et les peines, les échecs et les récompenses, les déceptions, les encouragements, les deuils, et peut-être enfin la sérénité. La mort avait frappé à plusieurs reprises ces dix dernières années, le touchant en deux fois dans sa plus profonde affection. Quelques années après la disparition de sa belle-fille Doussia, sa femme lui était enlevée au printemps de 1954. Cinq ans plus tard, il avait la douleur de voir partir la chère Fanny, la grande sœur, providence de ses jeunes années. Cécile disparue, il se trouva seul dans la petite maison et fut assez désemparé. On le vit un peu plus souvent dans les petits cafés du village où sa silhouette familière faisait depuis longtemps partie de la physionomie du lieu, parmi les habitants qui lui témoignaient une déférence pleine de sympathie. Et le découragement le saisissait parfois dans l'atelier d'où ne lui parvenaient plus les appels de la malade. C'est alors que l'amitié, une fois encore, se montra agissante. La présence dans la région de Barth et de Daepp avait sans aucun doute au début été le facteur qui avait facilité l'adaptation au nouveau milieu que représentait la campagne vaudoise. D'autres amis apparurent encore à cette époque. Jean-Jacques Gut, qui venait en voisin depuis Epesses, et avec lequel, en dépit de la différence d'âge, les liens se resserrèrent rapidement. Et surtout Bruno Meier, peintre zurichois rencontré un jour chez Daepp, avec lequel Gimmi se sentit immédiatement en sympathie. Bruno Meier, de deux ou trois lustres plus jeune, avait collaboré dans les années 1954–1955 à la réalisation de la peinture murale de l'Ecole polytechnique fédérale de Zurich. Ce travail en commun avait cimenté l'amitié des deux hommes et dès lors Meier et sa femme firent de fréquents séjours à Chexbres.

Sensible, doté d'un sens pratique qui manquait à Gimmi, cet ami dévoué fut un peu l'homme providentiel des dix dernières années, toujours prêt à rendre service et particulièrement précieux lorsqu'il fallait faire face aux multiples tâches qu'implique la préparation d'une exposition. Le sculpteur Ernest Suter et sa femme, enfin, furent encore parmi les fidèles et jusqu'aux ultimes instants. Auprès d'eux, Gimmi eut mainte fois l'occasion, soit lors des quelques séjours qu'il fit dans leur accueillante maison d'Aarau, soit au cours de leurs visites sur les bords du Léman, d'éprouver la fermeté de sentiments nés autrefois dans l'atmosphère cordiale des ateliers durant les années parisiennes.

Les temps de la solitude, heureusement, ne se prolongèrent pas trop. Un ange veillait, c'est le moins que l'on puisse dire en songeant à la véritable bénédiction que fut pour Gimmi la rencontre de celle qui devint plus tard sa femme, la compagne dévouée de ses dernières années. L'amitié était née quelques années auparavant sous les auspices de Barth et de sa femme qui réunissaient quelques amis. Suzanne Wetzel-Favez, enfant de La Tour-de-Peilz, faisait carrière à Bâle mais ne dédaignait pas de revenir au pays de sa jeunesse où elle comptait beaucoup d'amis. Pianiste, professeur à l'Académie de musique de la grande cité rhénane, c'était encore une artiste de grand talent, au caractère enjoué, une personnalité rayonnante, un de ces êtres qui apportent à autrui plus qu'ils ne reçoivent, ne serait-ce que par leur seule présence. Gimmi ne pouvait qu'être séduit par ce qu'il faut bien appeler ces vertus, et prenait plaisir à la rencontrer. Rendu à la solitude, il eut la chance, au gré d'occasions plus ou moins fortuites de la revoir plus souvent et peu à peu naquit entre les deux artistes un attachement plus profond qui trouva sa suite logique dans une heureuse décision: ils se marièrent le 3 août 1955. On ose prétendre qu'à partir de ce jour, la vie de l'artiste a été transformée. Entouré des soins les plus attentifs, soutenu, déchargé des soucis domestiques, stimulé par l'optimisme d'une épouse qui partageait ses goûts, respectait son travail et faisait régner dans la maison une atmosphère souriante et détendue, il a vécu heureux. Il ne fut plus question de solitude, ni de celle du cœur, ni de celle, plus matérielle, de l'isolement. Suzanne était là et de nouveaux amis, souvent des musiciens, prenaient fréquemment le chemin de la villa Stoucky où la conversation, sur un ton cordial et dans une ambiance où la bonne humeur, l'estime réciproque, un esprit de vivante culture donnaient aux réunions une animation qui comblaient d'aise le maître de céans.

Et puis il y eut encore quelques voyages, les derniers, dont certains reprenaient les itinéraires d'autrefois: l'artiste voulait revivre avec sa femme les anciennes émotions. Ce furent le périple Avallon – Vézelay – Auxerre – Sens – Fontainebleau – Paris avec le retour par Chartres, Blois, Amboise et Bourges; Saint-Rémy et les autres hauts lieux de Provence, et même un pèlerinage à Sèvres. Enfin en septembre 1958, avec un couple d'amis collectionneurs de Berne, on prit la route de Venise, Padoue, Vérone où dans l'ombre feutrée des églises, dans les salles de la Scuola San Rocco, sur la porte de San Zeno, guettaient d'autres souvenirs.

Les deux derniers séjours furent pour des lieux moins lointains, la santé de l'artiste ne permettait plus de longs déplacements. En 1960, il avait dû subir une grave opération qui l'avait laissé affaibli assez longtemps. Remis enfin, il n'en était pas moins soumis à certains ménagements. Venthône, en ces mois de septembre 1963 et 1964 c'est, à l'approche de la fin, comme s'il avait fallu renouer avec le commencement pour fermer la boucle. Pas loin de là, dans les contrées environnantes, les vieilles pierres patinées par le merveilleux soleil valaisan avaient été les témoins des exaltantes et troublantes inquiétudes de la jeunesse, des expériences et des premières audaces qui avaient marqué les tableaux du *Moderner Bund*. Rien qui put rappeler l'œuvre dans la-

quelle, éternellement, on reconnaîtra Gimmi, mais rien non plus qui fut à désavouer.

Maîtrisée pour un temps, la maladie n'avait pas renoncé et bientôt on ne put freiner ses progrès. Toujours plus affaibli, l'artiste qui venait d'entrer dans sa quatre-vingtième année s'éteignit calmement dans la matinée du 29 août 1965. Il repose désormais dans le petit cimetière du village où sur lui veille ce délicat témoignage de la piété, du souvenir et de l'amitié qu'est le monument d'Ernst Suter.

C'est le sort commun à tous les hommes d'avoir un jour à disparaître. Mais les grands artistes ne meurent jamais complètement. L'œuvre de Gimmi, originale, imposante par le sentiment de pérennité qu'elle nous inspire est là pour nous le rappeler. Sa présence en Europe, en Amérique, au Japon, dans les musées et les nombreuses collections privées perpétue plus qu'un souvenir, le rayonnement vivant de la pensée artistique d'un être d'exception que sa personnalité plaçait à un niveau que ne connaissent plus les frontières. Peintre de renommée internationale, figure reconnue de l'Ecole de Paris, il n'a jamais renié ses origines qui, dans une œuvre dont on sait ce qu'elle doit à la tradition française, sont pour beaucoup dans ses aspects les plus significatifs et les plus personnels. Quels qu'aient été ses sentiments à l'égard de la France, combien justifiés, il fut et resta toute sa vie, dans son âme et dans son art, sans retouche, l'homme qui était né et avait grandi en terre zurichoise. Il convenait de le souligner, comme le fit lors des derniers adieux le Dr Vodoz dans l'hommage qu'il rendit au nom du Conseil fédéral. En un temps où nous avons plus que jamais conscience de l'importance pour l'avenir de la Suisse de son rayonnement culturel dans le monde, la personnalité de Gimmi apparaît dans sa véritable grandeur. Avec loyauté, il fut avec les précieux moyens qui étaient les siens, dans son indépendance même, un grand serviteur de notre pays. Et cette tâche qu'il avait entreprise, son œuvre continuera de l'assumer.

Wilhelm Gimmis Werk
aus der Sicht seiner Zeitgenossen

Von Alfred Scheidegger

Vous avez en Suisse un très grand peintre et vous ne semblez pas vous en rendre compte.[1]

Zürich — Paris

Von den Lehrjahren zur Meisterschaft

Wilhelm Gimmi, thurgauischer Abstammung, am 7. August 1886 in Zürich geboren, am Lehrerseminar Küsnacht ausgebildet und kurze Zeit als Primarlehrer tätig, lehnt eine Berufung als Zeichenlehrer am Küsnachter Seminar ab. Er reist 1904/05 nach Italien. Venedig, Verona, Padua und Mailand sind seine Reiseziele. In Padua begegnet er dem malerischen Meisterwerk von Giotto in der Scrovegni-Kapelle, das zum ersten großen künstlerischen Erlebnis wird. Die Gestaltung des Raumes und der Volumen im Raum, die Übersichtlichkeit der Komposition und die Transparenz der Farben bringen die aufnahmebereite Seele des achtzehnjährigen Wanderers zum Klingen. Saiten werden angeschlagen, von deren Vorhandensein der Jüngling noch kaum etwas gewußt hat.

« Vieles sieht man sich, wenn man jung ist, an einem einzigen Tage an. Heute scheint es mir unwahrscheinlich, daß ich so vieles an einem einzigen Tag und dabei so gesehen habe, daß es lebendig in meiner Erinnerung geblieben ist.»[2]

1908, einundzwanzigjährig, betritt er den Boden von Paris. Das künstlerische Geschehen befindet sich in vollem Umbruch. In den Ateliers und Cafés wird leidenschaftlich eine neue Kunst geplant und besprochen. Seit 1904 entdecken die Jungen um Matisse, denen der Kritiker Vauxcelles spottend den Namen «Les Fauves» gegeben hat, in der reinen Farbe neue, befreite Ausdrucksmöglichkeiten. 1906 stirbt Paul Cézanne, durch dessen Werk die innere Struktur von Figur, Gegenstand und Landschaft neue Bedeutung erlangt. Gleichzeitig arbeitet Pablo Picasso an seinem Bild «Les Demoiselles d'Avignon», das zum Ausgangspunkt des Kubismus wird.

Wilhelm Gimmi durchstreift zuerst die Stadt, ziellos, betrachtend, dem Brodeln der neuen Ideen lauschend. Dann beschließt er, Maler zu werden. 1908 bezieht er ein Atelier in der rue Godeau und besucht bis 1910 die Académie Julian. Bedächtig fügt er sich ein, ohne sich vom Strom mitreißen zu lassen. Der hektischen Atmosphäre von Montmartre, Montparnasse und Saint-Germain-des-Prés entzieht er sich, jedoch nicht ohne ein offenes Auge für alles zu bewahren, was um ihn her vorgeht. Der abwartend-wägende Charakter des Deutschschweizers mag diese ersten Schritte nicht unwesentlich bestimmt und gelenkt haben.

Seine ersten Anregungen und Eindrücke sucht er dort, wo die Schätze der Vergangenheit ausgebreitet liegen: im Louvre. In den stillen Sälen kommt ein fruchtbares Zwiegespräch zwischen dem jungen, seinen Weg suchenden Maler und den Meisterwerken zustande. Für Gimmi ist die Vergangenheit keine Belastung, der es gilt, aus dem Wege zu gehen, weil man ihre Qualität, ihren Einfluß fürchtet, sondern Lehrmeisterin, Wegbereiterin und später Bewährungsprobe. Er verliert sich nicht in der Fülle. Sein angeborenes selektives Empfinden führt ihn zuerst zu den griechischen Vasen. Die einfache, klare Form der Gefäße, die harmonischen Umrisse, die Präzision der schwingenden Zeichnung, die sich vorbehaltlos der Gefäßform anzupassen weiß, fesseln ihn von Anbeginn. Hier offenbaren sich ihm erste Geheimnisse der Zeichenkunst. Dann sucht er die archaische Plastik mit ihrer herben Unmittelbarkeit in der Form und im Ausdruck und später, von gewonnenen Erkenntnissen geleitet, die primitiven Italiener auf.

1909 findet der italienische Futurismus im Manifest von Marinetti programmatische Formulierung, und ein Jahr später treten da und dort erste Abstraktionen in der Malerei an die Öffentlichkeit. Gimmi hingegen entdeckt für sich die Kompositionen des Franzosen Nicolas Poussin, dessen «Assomption»[3] und «Kindermord»[4] er im Louvre und im

Museum von Chantilly in eigenwilliger Weise kopiert. Später beschäftigen ihn auch die Werke von Rembrandt und Rubens.

Im Dezember 1910 beteiligt sich Gimmi an der Weihnachtsausstellung der Zürcher Künstler.

«Wilhelm Gimmi (in Paris) verfügt über eine starke malerische Begabung; seine Impressionen aus Paris, sein Intérieur, in dem nur das scharfe Blau des Wasserkruges sich nicht völlig dem Farbenkonzert einfügt, seine Stilleben, seine Hohe Promenade in Zürich tragen den Stempel des persönlich Geschauten und haben einen degagierten Vortrag. Gute Hoffnungen wecken diese Sachen! ...»[5]

Während 1911 Kandinsky und Klee in München den «Blauen Reiter» aus der Taufe heben, die Zürcher Kunstgesellschaft in ihrer Turnusausstellung des Schweizer Kunstvereins unter anderem ein Bild[6] von Gimmi zeigt und die Galerie Hans Goltz in München ihre Ausstellung «Neue Kunst» eröffnet[7], reist Gimmi nach Belgien und Holland, um die lebende Umwelt der im Louvre studierten Meister kennenzulernen. Auch Italien steht wieder auf dem Reiseprogramm. Diesmal hält er sich sechs Monate in Rom, Florenz und Arezzo auf, und hier, vor den Fresken von Masaccio und Piero della Francesca, gewinnt er die entscheidenden Eindrücke, die die kurz zuvor bei Ambroise Vollard gesehenen Werke von Cézanne in ihrer ganzen Bedeutung zum Bewußtsein bringen.

Gimmi wählt von Anfang an einen Weg des ruhigen, langsam sich vollziehenden Aufbaus inmitten der turbulenten, oft widersprüchlichen und sich ebenso rasch abnützenden Geschehnisse, deren einzige Ergebnisse oft nur leidenschaftliche Manifeste sind. Schon in diesen ersten Schaffensjahren vermerken wir die überraschende Unabhängigkeit, die nur in einem originalen, innerlich reichen Charakter gründen kann. Rascher modischer Erfolg steht außerhalb seiner Zielsetzung, und es ist erstaunlich, mit welcher Ruhe er die Schritt um Schritt erworbenen Kenntnisse und Erfahrungen ordnet und für sich nützt.

Ist diese Bedächtigkeit ein Zeichen schöpferischer Armut? Heute, im Zeitalter des raschen Wechsels der äußerlichen Maske, könnte dies so ausgelegt werden. Bei Gimmi ist es der Ausdruck der bewußten Stilsicherheit, des früh entwickelten, sehr bestimmten Geschmacks eines Menschen, der sein Ziel klar vor sich sieht. Verbirgt die heute so schnell wechselnde Maske nicht vielmehr die Tatsache, daß nur wenig vorhanden ist, was einer Formulierung wert ist? Andrerseits kann es für einen jungen Künstler auch nicht darum gehen, sich frühzeitig abzukapseln, denn dies müßte sowohl künstlerisch wie menschlich zur Vereinsamung, zur schöpferischen Sterilität führen. Er muß sich mit dem Umweltgeschehen auseinandersetzen, doch darf dies, so schwer es einem jungen in Entfaltung begriffenen Talent auch fallen mag, nicht zur unkontrollierten und wahllosen Aufnahme jedes modischen Augenblickseinflusses werden. Jede solche Auseinandersetzung ist charakter- und talentbedingte Auswahl. Für Gimmi bedeutet vor allem die Auseinandersetzung mit den Meisterwerken im Louvre nachhaltigen Gewinn. Hier konfrontiert er seine Erfahrungen und Absichten mit dem Geschaffenen, Vollendeten, nicht nur mit dem in Fluß Befindlichen und Unausgereiften. Jeder Versuch, wenn er auf seine Brauchbarkeit hin geprüft werden soll, bedarf eines Fertigen, Abgeschlossenen als Maßstab, und Gimmi wußte schon frühzeitig und mit sicherem Instinkt Maßstäbe für seine Arbeit zu finden.

Daß ihm das unmittelbare Zeitgeschehen nicht gleichgültig ist, beweist seine Teilnahme an den Ausstellungen des von Hans Arp, Walter Helbig, Oscar Lüthy und Hermann Huber in Weggis im Oktober 1911 gegründeten «Modernen Bundes». Einige Weggiser Motive lassen auf Gimmis Aufenthalte bei den Gründern des Bundes schließen.[8] Paul Klee schreibt unter anderem über die erste Gruppenausstellung im Zürcher Kunsthaus 1911:

«... Der Moderne Bund ist eine Vereinigung von Schweizer Künstlern, die den Ausdruck ihrer Persönlichkeit

auf einem neuerdings bedeutend erweiterten Kunstgebiet suchen, dem Gebiet des Expressionismus... Eine hauptsächliche Folge des expressionistischen Bekenntnisses ist die Betonung des Konstruktiven, die Erhebung der Konstruktion zum Ausdrucksmittel. Es handelt sich also bei der Zürcher Ausstellung nicht um ein Experiment, die ruhigen Schweizerbürger aus der Fassung zu bringen, sondern um ein Bekenntnis zum Anschluß an auswärts bereits Erreichtes... Ich habe den kubistischen Fall der Weglassung des Gegenstandes vorweggenommen, weil mir dieser am plausibelsten vorkam und obwohl sich der andere Fall im nicht kubistischen Expressionismus zeitlich etwas früher zugetragen hat... Ein ausgesprochener Kubist, wenn auch noch in Auseinandersetzung mit dem Kubismus begriffen, ist Wilhelm Gimmi. Dann und wann gucken noch Zufälle eines Gegenstandes aus der Umsetzung heraus. Daß er in den Kubismus noch tiefer eindringen wird, dafür bürgt der Ernst, mit dem er ihn gleich zu Anfang anpackt...»[9]

Und 1913 schreibt Neitzel:

«... Lyriker mit mehr epischem oder mehr idyllischem Einschlag: Gimmi–Helbig... Alle freizügig, nirgends in einem sie beengenden System festgelegt. Denn mag man auch Anklänge an fremde Doktrinen finden, mag man Entlehnungen aufzudecken glauben, immer sind sie von der Eigenart des Künstlers aufgesogen, sind organisch geworden; waren nur ein Hilfsmittel zur Selbstzucht, waren nötig zu einer Steigerung seines eigenen Wertes. Jung ist der Moderne Bund, künstlerisch ernst, daher entwicklungsfähig. Darum nenne ich diese Bilder wesentliche.»[10]

«Bei Gurlitt hängen die letzten Arbeiten von Henri Matisse; der ‚Sturm' bringt eine Kollektion moderner Schweizer. Beide Ausstellungen sind interessant und typisch. Sie zeigen, wie jene Malerei, deren Programm es ist, den Impressionismus zu überwinden, zwischen zwei Polen hin- und herschwankt: zwischen Sinnlichkeit und Intellekt. Es ist eine Kunst der Extreme... Es mangelt dieser Kunst, darüber kann kein Zweifel sein, das Abgeklärte und Selbstverständliche. Sie ist heute noch mehr ein Wollen als ein Können. Sie ist revolutionär... Wie jene Deutschrömer um 1830 den Naturalismus durch das Christentum überwinden wollten, so soll nun der Impressionismus

von einer arkadischen Mystik, von den Geburtsschauern der Primitivität verdrängt werden... Es wäre dennoch eine schwere Befangenheit, sie, wie das neulich Meyer-Graefe tat, für toll und dilettantisch zu erklären... Ich glaube, daß man nach einiger Zeit, wenn man mit ihnen vertraut wurde, auch den Wilhelm Gimmi, den Walter Helbig... wenigstens ein wenig würde gern haben können. Der Gimmi hat ernste Augen; er sieht das Pathos herbstreifer Sonnenblumen und die schweigsame Größe eines Eisenbahnviaduktes...»[11]

Gimmi ist, als diese Worte geschrieben werden, sechsundzwanzigjährig. Ein Jahr zuvor nimmt er an einer Gruppenausstellung im Zürcher Kunsthaus[12] teil; die einheimische Presse reagiert unterschiedlich:

«... – u. Für das komische Intermezzo, das in keiner Kunstausstellung fehlen darf, sorgt diesmal Wilhelm Gimmi mit sieben Stilleben, Blumen und Figuren. Er spielt den Primitiven, wird aber niemanden glauben machen, daß er die Welt so häßlich und karikiert sieht, wie er sie darstellt. Das ist eitel Anstellerei, die sich über den Beschauer lustig macht und die sich nur so lange halten kann, weil die Hyperklugen in diesen kindischen Pinseleien die Keime einer großen Kunst wittern. Nun, alles hat seine Zeit und auch dieser Kelch wird an uns vorübergehen.»[13]

«In Wilhelm Gimmi lernen wir einen Expressionisten der extremsten Richtung kennen. Gimmi hat entschieden Sinn für farbige Kompositionen, doch ist in seinen Bildern noch alles zu wenig ausgeglichen, zu wenig abgeklärt, als daß man der ausgestellten Dinge froh werden könnte.»[14]

Gimmi arbeitet weiter in selbstgewählter Zurückgezogenheit, ohne jede Absicht, die Aufmerksamkeit der Öffentlichkeit auf sich zu lenken – «à cette époque-là on ne présentait pas ses premiers essais», sagt er später in der Rückschau. Er findet ein Atelier an der rue Ravignan, in unmittelbarer Nähe des berühmten Bateau-lavoir. «Sous les fenêtres de son atelier traîne l'écho du chant d'Apollinaire et l'ironique risée de Pablo le Catalan... quand ça gueule, c'est Modigliani...»[15]

Unser Maler ist sich bewußt, daß Einsamkeit zur Vereinsamung führen kann. Seine Einsamkeit ist anderer Art. Sie bedeutet Stille, ausgefüllte Stille, Sammlung und Geduld, so daß Gotthard Jedlicka anläßlich des siebzigsten Geburtstages schreiben kann: «... *so haben in Paris immer viele gewußt, wer Sie sind und was Sie schaffen, aber nur wenige haben Sie persönlich gekannt.*»[16]

Es ist die Zeit des Aufbaus, der inneren Klärung, der Bestimmung des eigenen Standortes. Während in Zürich, München und Berlin einige Werke von ihm gezeigt werden, wandert er in Paris staunend und begeistert durch die Ausstellungen buddhistischer und klassisch-chinesischer Kunst in den Museen Cernuschi und Guimet. Der Kontakt mit den niegesehenen Werken fernöstlicher Kunst ist so nachhaltig, daß er neben Negerplastiken kleine chinesische Skulpturen der archaischen Zeit zu sammeln beginnt.

Am Morgen trifft man ihn zumeist im Cirque Medrano bei den Proben der Artisten, versunken in die Bewegungen, Rhythmen und Farben. Daneben sammelt er weiterhin wichtige Erfahrungen bei Poussin und Cézanne. Er studiert Poussin mit der ihm eigenen Zähigkeit, und wenn er ihn kopiert, so tut er es auf seine eigene Weise, indem ihm wohl die Komposition des Franzosen Anregung bedeutet, die Handschrift jedoch seine eigene bleibt. Georges Peillex nennt später einmal Gimmis Kopie nach der «Assomption» von Poussin ein «... *document de la singulière collaboration du mort et du vif*». Auch bei Cézanne berücksichtigt er nur das, was seiner Entwicklung dienlich ist. Cézanne ist für ihn nicht Ausgangspunkt für neue revolutionäre Lösungen, sondern Bestätigung der eigenen Arbeit.

1915 übersiedelt er in ein Atelier in einem alten Haus am Quai d'Anjou auf der Ile Saint-Louis. Aus seinem Atelierfenster überblickt er die Straße, das auf ihr sich abspielende tägliche Leben, die Brücke Pont-Marie und einen Teil des silbernen Bandes der Seine. Von hier aus beobachtet er, Ausländer geblieben und doch innerlich aufs engste mit der Wahlheimat verbunden, alles, was sich als lebendige

Form und Farbe, als Bewegung und Rhythmus abspielt. In diese Zeit fällt auch die Ausstellung in der Zürcher Galerie Tanner, zu der Ernst Sonderegger unter anderem schreibt:

«... *Und daß das Verständnis für seine Kunst Schritt hält mit seiner ruhigen und sicheren Entwicklung, beweisen das große Interesse und die Nachfrage, die dieser Ausstellung vorausgingen... Für die mit seiner Kunst Vertrauten ist dieser Erfolg fast selbstverständlich... Die Sonderstellung aber, die er innerhalb der heutigen Künstlergeneration einnimmt, läßt es notwendig erscheinen, auf die jetzige Ausstellung einzugehen.*

Gimmis Malerei setzt ganz unbefangen die letzte klassische Epoche in der Entwicklung der Kunst, den Pleinairismus, voraus, die große Tradition, die mit Delacroix begonnen und einstweilen nicht über Cézanne hinausgeführt hat. Jede spekulative Tendenz liegt Gimmi heute fern. Die engen Probleme Picassos, an denen er nicht achtlos vorübergegangen ist, hielten ihn nicht lange auf. Ein mehrmaliger Aufenthalt in Paris, ein intensives Studium der großen Franzosen im Louvre, ein stetes Sichvertiefen in die Natur, ein rastloses Arbeiten an sich selbst brachten bald die für jeden Künstler entscheidende Klärung, das Erkennen eines festen Zieles. Der in der Arbeit zum Bewußtsein gebrachte Wille nach diesem großen Ziele, sein völliges Abseitsstehen und das unbekümmerte Festhalten an der einmal gewonnenen Überzeugung veranschaulicht diese Ausstellung aufs schönste.

Für den unbefangenen Beschauer wird es offensichtlich, daß Gimmi nicht achtlos an einem Delacroix, Daumier, Renoir oder Cézanne vorübergegangen ist. Aber ebenso klar wird dem Kenner dieser großen Künstler, daß er in keiner Weise von einem derselben Äußerlichkeiten des Ausdrucks übernommen hat...

Gimmis Verhältnis zur Natur ist ein anderes, als es sich mancher beim Betrachten der Bilder vorstellt. Die Wiedergabe der Farbe erscheint paradox. Gerade das eifrige Studium der Natur führt eine Künstler-Persönlichkeit zu Resultaten, die mit dem Natureindruck nichts weniger als identisch sind. Ein bedeutender Kolorist wird nie versuchen, ihr in den Mitteln der Niederschrift nahezukommen, sondern stets nur in der Totalität der Erscheinung. Die Arbeit vor der Natur ist also keine Kopie, sondern eine Übersetzung. Oft fängt für Gimmi die Arbeit erst an, wenn er seine Leinwand vor der Natur fertig gemalt hat. Sich vollständig auf das Gefühl verlassend, geht er die Bilder immer wieder und so lange durch, bis die Töne einander zur vollen Geltung bringen. Gleichzeitig nimmt ihn daneben die ordnende Tätigkeit der Farbkomposition fortwährend in Anspruch.

Oft sind Qualitäten seiner Malerei ihm als Manko angerechnet worden, so das Fehlen einer festen Zeichnung. Ist es aber nicht wundervoll zu sehen, wie Gimmi durch bewußte Unterbrechungen der Linie, durch das Ineinanderspielen kontrastierender Farben und Töne seine Zeichnung bereichert; wie dadurch seine Malerei gewinnt an Bewegung, an jenem leisen Fluten des Lichtes um die Dinge?... An Gimmis Kunst dürfen wir heute nicht vorübergehen – sie weist in die Zukunft...»[17]

Im Juni des gleichen Jahres ergänzt Ernst Sonderegger seinen Bericht mit den Worten:

«... Diese paar schönen, weniger das Gemüt als ein malerisch veranlagtes Auge erfreuenden Bilder wollen uns fast als Nebensache erscheinen seit der Entdeckung des Willens, der in ihnen seinen Ausdruck sucht... Dem unvoreingenommenen Beschauer treten wahrscheinlich andere, mehr an der Oberfläche liegende Qualitäten des Malers früher ins Bewußtsein... So jene, zuerst von den Impressionisten geforderte Zurückführung aller Erscheinungen auf Farb- und Tonunterschiede, dann der flächige Charakter des Vortrags, schließlich die in einer Anzahl von Bildern auffallende Bevorzugung reiner Farben. Aber diese Eigenschaften bedingen keineswegs Gimmis Stil. Das Wahren von Errungenschaften, die ganz einfach eine Bereicherung unserer Ausdrucksmöglichkeiten bedeuten, hindert ihn nicht, etwas ganz anderes und der analytischen Methode der Impressionisten geradezu Entgegengesetztes anzustreben... In seiner Naturauffassung gleicht Gimmi weder den Theoretikern und eigentlichen Repräsentanten der Schule Monet und Genossen noch den Vollendern und Überwindern van Gogh, Cézanne, Renoir. Eine ausgesprochene Neugierde liegt ebensowenig in seiner Art wie ein besonders subjektives, leidenschaftliches Naturgefühl oder die Absicht, sie zu

vergeistigen; die Natur ist für ihn der erfrischende Quell, in den sein Geist täglich untertaucht. Er schaut sie mit ebensoviel Intelligenz als Liebe an, und dieses sinnlich-ruhige Empfinden ist nichts anderes als unsere schweizerische Fasson, tief zu sein!...

Jede spekulative Tendenz liegt Gimmi, der als Kubist debütiert hat, heute fern. Wir können uns jenen Zwischenfall kaum anders als mit der Wißbegierde des Autodidakten, einem notwendig mehr oder minder blinden Eifer erklären... Kein anderer als Eugène Delacroix war es, bei dem Gimmi sich Rat holte in dem Bilderstürmertreiben der aktuellen Malerei. Und es war nur logisch gehandelt, wenn er in der Folge unter dessen großen Nachfolgern sich denjenigen zum Führer aussah, der dem Meister so wundersam glich – Paul Cézanne...

Zählen wir Gimmis wichtigste Hilfsmittel auf: Die Reinheit der Farbe, die Einfachheit der Farbe, den Stil in der Farbe... Von einer Komposition im akademischen Sinn zeigen die Bilder geringe Spuren. Für das Fehlen des hergebracht Gemäldehaften entschädigt in reichem Maße jene besondere Art des Dekorativen, die von selbst entsteht, wo der Farbfleck komponiert und den Bildern jene materielle Pracht mitteilt, die wir an den alten Gobelins bewundern...»[18]

Man scheint in diesen Jahren in der Schweiz auf Gimmi vermehrt aufmerksam geworden zu sein, allerdings noch ohne sich über seine künstlerische Bedeutung voll Rechenschaft zu geben. Kritik wechselt mit Zustimmung und Gleichgültigkeit.

«Der Lebensnerv aller Kunst war immer die Ehrlichkeit und Treue, mit der sowohl die ganze Kunstbewegung wie auch der einzelne Schaffende sich selbst und ihrer Zeit gegenübertraten;... Wilhelm Gimmi gehört zu der kleinen Zahl derer, die mit aufrechtem Rückgrat, den Blick nach vorne, ihres Weges gehen. Es ist noch kein Schreiten, kein selbstsicherer Gang, auch ist sein Blick noch flackernd, tastend; doch aus seinem ganzen Wollen und Streben spricht ein aufrichtiges Bemühen, ein Ringen um Zeichnung, Form und Farbe, um ihrer selbst willen... Die Sprache seines Pinsels ist einfach und ungekünstelt. Immer wieder ist es das Wägen und Erwägen von Valeurs und Farbe so-

wohl im Stilleben wie im Landschaftlichen und Figürlichen. Wilhelm Gimmi unterscheidet sich von einer leider allzu großen Zahl der ‚Jungen‘ durch seine Natürlichkeit, durch sein Festhalten am innersten Gefüge der bildenden Kunst; ... Er will keine lyrischen Gedichte, keine großen inneren Vorgänge und psychischen Evolutionen interpretieren ...

Es wäre zu wünschen, daß Wilhelm Gimmi zufolge einer ihm von seiner Vaterstadt gegebenen Aufgabe den Aufenthalt in Paris abbräche, um hier in seiner Heimat das zur Entfaltung bringen zu können, was ihm der Geruch der eigenen Mutter Erde schenkt. Vielleicht entwickelt sich aus seiner Einfachheit und Natürlichkeit, die auch die Grundzüge seines Wesens sind, seine schweizerische Note ...»[19]

Bis zu dem vom Verfasser dieser Zeilen erhofften Auftrag sollten noch mehr als dreißig Jahre vergehen. Zudem ist es rührend, welch naive Hoffnung auf einen national geprägten Künstler aus seinen Gedanken spricht, als ob dies künstlerisch von Bedeutung wäre.

Mittlerweile, wir stehen im Jahr 1919, tritt der nunmehr dreißigjährige Maler aus seiner selbstgewählten Zurückgezogenheit heraus, um sich freiwillig der Öffentlichkeit zu stellen. Es ist bezeichnend für Gimmi und seine Bescheidenheit, charakteristisch für sein künstlerisches Verantwortungsbewußtsein und seine Selbstkontrolle, daß er so lange gezögert hat, die Konfrontation mit dem Publikum und der Kritik unmittelbar zu wagen. *«Man stellt sich der Diskussion erst dann, wenn man etwas zu sagen hat»*, ist seine Devise.

Der Salon d'Automne ist damals noch das gültige Forum des Pariser Kunstgeschehens. Gimmi sendet eine Bildgruppe ein, und es geschieht das Außergewöhnliche: obwohl der Jury – Dunoyer de Segonzac gehört ihr an – und der Kritik noch weitgehend unbekannt, wird er nicht nur angenommen, sondern erhält im Hauptsaal neben Matisse, Bonnard, Marquet und Dunoyer de Segonzac den Ehrenplatz zugewiesen. Die Kritik nimmt ihn vorbehaltlos lobend auf, der Salon ernennt ihn zum ständigen Mitglied. Félix Vallotton empfiehlt ihn,

ohne ihn persönlich zu kennen, auf Grund seiner Arbeiten der bekannten Galerie Druet an der rue Royale, und bald erscheinen bedeutende Werkgruppen auch bei Rodrigues, rue Bonaparte, und im gleichen Jahr eröffnet Berthe Weill, in deren Galerie zuvor Matisse, Marquet und Modigliani debütiert hatten, eine erste große Einzelausstellung – seine erste Einzelausstellung in Paris. Das Katalogvorwort von André Thérive gibt die Stimmung wieder, mit der Gimmi aufgenommen wird.

«Les artistes contemporains n'ont pas coutume de se présenter à nous sans artifice et mise en scène: les uns mettent leur coquetterie à n'exposer que leurs recherches, le tâtonnement de leurs procédés; les autres s'honorent de montrer seulement des œuvres séparées dont on ne peut deviner la genèse. Wilhelm Gimmi au contraire soumet aujourd'hui au public un art fort divers dans ses moyens d'expression où le visiteur aimera des démarches franches et probes et des résultats stables. On verra quelle force de dessin révèle cet artiste dans les académies où il s'est plié, quel sens de raccourcis, des volumes et dans le nu quelle enveloppante souplesse de la ligne ... Ses aquarelles elles-mêmes, très charpentées, sont les plus solides «cartons» qu'on puisse voir pour des ensembles futurs. Considère-t-on ses tableaux à l'huile, il sera aisé de remarquer dans les plus anciens une recherche décorative, architecturale, qui, du reste, ne l'a point quitté, et qui rappelle les primitifs chinois, ensuite la prédominance d'un style plus sombre, aux masses volontiers prismatiques, avec des fonds d'un registre étendu et véhément. Ses intérieurs ont de quoi nous évoquer Cézanne, Matisse et l'austère Daumier, ensemble avec la composition poussinesque et davidienne. Cette sévérité de goût exclut naturellement toute préciosité et réclame une vision intense de l'atmosphère, digne des vieux maîtres du clair-obscur; enfin sa manière la plus récente serait celle de la parade et de cette fantaisie exquise où l'on dirait des acrobates de l'école d'Athènes. Là, l'art de synthèse, de simplicité est poussé à bout, en même temps qu'une expérience extrême, et presque joyeuse, de la couleur. Ce sont là morceaux de maître!

Toute cette œuvre indique une continuité fort rare en ce temps où l'on se disperse si volontiers, et de plus un respect de la grande tradition qu'on ne saurait trop louer chez ce peintre si moderne pourtant. On voit que les musées lui sont amis vivants et chers, et qu'il ne se contente jamais à moins d'une composition nécessaire, définitive, fruit d'une longue épuration: il n'improvise point; il sait que les personnages et les choses sont dépendants, inséparables. Il ne se bornerait ni à un dessin parfait ni à une pâte agréable. Chez lui le souci de l'ensemble est dominant. C'est un esprit d'ordre; et pour le style qui lui est plus cher, que l'on songe à certains Masaccios, où il y a l'ampleur sans emphase et la fermeté sans raideur.

Aucun art plus que celui de Gimmi ne diffère de l'Impressionnisme, aucun ne peut donc faire plus d'honneur à cette époque où l'on a tant dépouillé de haillons pour faire des gestes plus purs et plus forts.»[20]

Im September des gleichen Jahres, das den Erfolg bedeutet und den Weg zur Meisterschaft öffnet, schreibt Adolphe Basler in einem Brief an Gimmi:

«*Mon cher Gimmi. Acceptez ces quelques réflexions qui sont aussi bien de vous que de moi, car nous les avons maintes fois échangées durant ces dernières années à Paris... Votre art n'est-il pas intimement lié à cette esthétique occidentale qui se résume en quelque sorte dans ce grand sens de mesure, dans ce goût qui se révèle dans les œuvres dites révolutionnaires de la peinture française moderne. Je crois que c'est la stupidité des doctes plaisantins académiques qui a fait d'un Renoir ou d'un Manet des révolutionnaires. Vous mon cher Gimmi, vous eûtes ce rare privilège de vivre de longues années à Paris, dans cette ville sacrée où s'agitent les plus nobles passions de l'humanité d'aujourd'hui. Et de quel enseignement furent aussi pour vous les dernières recherches de la jeune génération des peintres français avec Matisse, Derain et Picasso en tête... Vous, vous êtes rangé vous aussi parmi ceux qui prônent de la sincérité dans l'art et pour qui la sensibilité du peintre doit dominer le charme facile du décorateur... Vous avez su garder votre sincérité et c'est la grande qualité de votre art que de révéler une personnalité de peintre et non point d'un décorateur rusé. Certes, vous avez subi des influences et des meilleures... Je vous répète, mon cher Gimmi, que c'est votre sensibilité de peintre qui est la plus sûre garantie de la solidité de vos œuvres.*»[21]

Obwohl seit 1920 regelmäßig im Salon d'Automne und im Salon des Indépendants vertreten, liegt es nicht in der Natur Gimmis, jetzt vermehrt von sich reden zu machen. «*Was nicht im Werk selbst liegt, kann weder durch Reklame noch durch Gerede ergänzt werden*», ist eine weitere seiner knapp und treffend formulierten Devisen.

Mit Stift und Pinsel durchwandert er in den Sommermonaten die Ile-de-France, besucht die Kathedrale von Chartres, die Apokalypse-Teppiche von Angers und die Fresken von Saint-Savin bei Poitiers. Die Bretagne, die Normandie und vor allem die Provence – die Heimat Cézannes – werden malend und zeichnend durchstreift. Obwohl er weiterhin seinen bedächtigen Arbeitsrhythmus und seine Lebensweise beibehält, beschäftigen sich Kritik und Publikum immer mehr mit seiner Arbeit.

«*... Gimmi qui a subi l'influence visible de Cézanne et Daumier est un des plus probes artistes que je connaisse, et pourtant, que la virtuosité lui serait donc aisée. Tous apprécient sa touche adroite et cette pureté de goût dans les intérieurs sombres, composés, aménagés savamment. Il ne cesse de s'éloigner des stylisations faciles et d'en venir au simple et au direct.*»[22]

«*... Gimmi hat sich vor allem an der französischen Kunst geschult. Er schafft, darin der französischen Tradition folgend, aus der Farbe heraus, die subtil und nuanciert gestaltet. Man würde aber durchaus fehlgehen, wenn man ihn als unselbständigen Nachbeter französischer Vorbilder nehmen wollte. Die französische Malerei (mit Einschluß von Picasso, der für seine Entwicklung sehr wichtig ist) war nur der Ausgangspunkt für ihn, von dem aus er sich einen eigenen Stil geschaffen hat. Sein Kolorit ist ein durchaus persönliches. Die eigenartigen Farbharmonien seiner Bilder, die Vorliebe für gelbe und braungelbe Klänge zum Beispiel sind ganz sein Eigentum. Über der Farbe wird aber die Form nicht vernachlässigt. Gerade in letzter Zeit läßt sich der Künstler die Rhythmisierung der Figur, der ganzen Komposition sehr angelegen sein. Gleichzeitig strebt er nicht nur im Kolorit, sondern auch im formalen Aufbau eine größere Einfachheit und Konzentration an. Das Flächige* wird im Bildaufbau immer mehr betont. Das wichtigste ist aber wohl, daß das klassische Ideal (Poussin – Ingres – Puvis de Chavannes – Picasso) auch in Gimmi immer stärker lebendig wird...»[23]

Mit dem Jahre 1922 überschreitet Gimmi die Schwelle zur Meisterschaft – «*Partout s'annonce le sobre intimiste aux orchestrations lumineuses...*»[24] Seine Malerei beginnt eine Stille und Ausgewogenheit auszustrahlen, als könnte nichts mehr den inneren Fluß hemmen. Dies bedeutet jedoch für ihn nicht geruhsam-gedankenloses Weiterschreiten auf einer einmal erreichten Bahn, bedeutet nicht Beharren in einer Manier, sondern stete Evolution und Weiterentwicklung zu einer immer ausgeprägteren persönlichen Ausdrucksweise. Diese Entwicklung, deren Hauptmerkmal der Übergang zu einer freieren, helleren Farbgebung ist, geht langsam vor sich, nicht hastig, gelenkt von strenger Selbstkontrolle, nicht expressiv gesteigert, aber immer deutlicher gezeichnet vom Temperament einer unabhängigen Persönlichkeit.

«*Gimmi, der Schweizer, hat etwas von der Derbheit, der robusten Gedrungenheit seiner Rasse, trotzdem ihm Paris viel gegeben hat, zu viel vielleicht an traditioneller Überlieferung, noch nicht genug an malerischer Differenziertheit. Das Beste, was er Paris verdankt, ist der Sinn für die fertige Leistung; ...*»[25]

«*Une des meilleures toiles des derniers Indépendants était signée par cet artiste, qui n'expose en France que depuis la guerre. L'ensemble réuni aujourd'hui contient plus que des promesses. Voilà un peintre sincère qui, par un don tout naturel, donne du style à chaque figure, ennoblit la forme sans la figer. Dans les académies comme dans les petites scènes du cirque, de la rue, de la plage, on admire en même temps que la richesse et la fraîcheur des harmonies, l'amour des belles proportions, l'art des groupements, la mise en page. Des scènes d'atelier où des personnages vêtus de costumes modernes se mêlent à des nus graves comme des antiques, sont très significatives d'une personnalité qui s'affranchit de Cézanne et de Derain, triomphe du maniérisme, et s'impose.*»[26]

«*...Seine (Gimmis) Malerei fuhr nicht revolutionär und plötzlich aufglühend in die Kunstausstellungen hinein... Das große Publikum mochte darüber hinwegsehen oder sich ablehnend einstellen, man erinnert sich, daß es Maler gab, die im Freundeskreis erklärten: ,Gimmi hat das, was wir suchen und noch nicht besitzen – das Bild – das heißt, er ist Maler...'. In Paris gaben öffentliche Besprechungen diesen Malern recht, und nach der Gimmi-Ausstellung im Kunsthaus Zürich (November 1921) schrieb nun auch die Zürcher Zeitung unter anderem: ,Die köstlichen Straßenbilder mit den leise wandelnden Frauen, die Intérieurs, die Strandbilder mit den Badenden, sie geben das Ausmaß dieser Künstlerpersönlichkeit, der die volle Aufmerksamkeit zu schenken sich reichlich lohnt als einem der originalsten gewichtigsten Schweizer Maler, die wir heute besitzen...'. Waren es neuartige Motive, weil der Maler sie aus seiner für uns entlegenen Pariser Umgebung entnahm? Dann müßten seine Bilder in Paris weniger auffallen, sich selbstverständlich einordnen in die Pariser Kunst. Allein, wir hörten, daß sie es nicht tun, weil sie die Ausprägung einer selbstwilligen Persönlichkeit sind... Daß diese Lösungen zwingend werden, stammt aus der ernsten Wahrheit und Gesetzmäßigkeit, die der Künstler der Natur ablauscht. Es ist, als hörte und schaute er den Rhythmus, in dem sich die Natur vollendet in Körpern und Gegenständen. Dann schaltet er alles Überflüssige weg, wird einfacher und einfacher in Form und Farbe.*

Gimmi ist im vollsten Sinne Maler. Inmitten des erschütternden Zusammenbruchs der Welt sozialer Revolutionen bleibt er bei anspruchslosen Motiven, die keine, auch gar keine Größe haben außer derjenigen, die er selbst in sie hineinlegt... Das Eigenartige bei ihm ist, daß seine Bilder trotz der inneren Bewegung stille sind...

Vielleicht liegt in dieser Anspruchslosigkeit, die weder im Motiv noch in der Technik erzwungen Neues sucht, die nicht aus Intellekt und Denken kommt, sondern aus Schauen und Erfühlen, ein Weg angedeutet für die moderne Kunst. Konfessionslos, ohne Sentimentalität und Schwärmerei ist alles wahrgenommen mit dem Auge und der Erfühlung der Gestaltungsgesetze der Natur, aus der Wirklichkeit geholt, nicht nur brutale Wirklichkeit, sondern ein Bekenntnis des

Malers zur Schönheit und Harmonie in der Wirklichkeit...»[27]

«*Mit größerem Vergnügen habe ich die Ausstellung von Gimmi betrachtet, der trotz übertriebener Stiltendenzen Offenheit und Frische nicht ganz verloren hat. Seine Kunst beherrscht geistige Klarheit und vornehme Art, sein malerisches Talent zeigt sich in einer schönen, oft köstlichen Materie und in einem ausgesprochenen Gefühl für elegante, rhythmisch geordnete Proportionen. Einzig stärkere unmittelbare Berührung mit der Natur fehlt Gimmi, sein stilistisches Bemühen läßt ihn manchmal in die gleichen Abwege gehen wie Picasso.*»[28]

«*Je tiens l'envoi de Gimmi pour un des meilleurs de ce Salon; son «Atelier» et son «Pont» à l'éclairage latéral, nous révèle une fois de plus qu'il est un des rares à notre époque qui aient le sens véritable de l'espace, des trois dimensions. Il sait, d'un sujet qui, en d'autres mains, deviendrait anecdotique, tout ce qu'il y reste d'éternel. Quelques personnages causent dans un atelier, des femmes passent sur un pont! Gimmi nous révèle l'essentiel de leurs attitudes, de leurs mouvements. On pense à la simplicité, à la sobriété de l'antique. Et cela sans archaisme, sans fausse simplification...*»[29]

«*... Tous les artistes ici représentés appartiennent à une époque où il ne s'agit plus ni de ruiner des règles désuètes ni de reconstruire sur des décombres, mais bien de travailler, armé de la seule probité et de montrer pratiquement à la fois l'utilité des théories d'hier et leur insuffisance d'aujourd'hui... Ils savent que l'art est avant tout un métier, au vieux sens de ce mot, et que métier signifie aussi servitude. La plus honorable de ces servitudes et la plus constante est celle de l'originalité quand celle-ci se fonde non sur une fantaisie ostentatoire et mensongère, mais sur une honnêteté profonde dans la révélation de la personnalité...*»[30]

Im Jahr 1925 werden zwei umfangreiche Artikel publiziert, die sich mit dem bisher Erreichten in der Arbeit von Gimmi eingehend auseinandersetzen. Der eine stammt von Gotthard Jedlicka, der andere von Paul Fierens, dem nachmaligen Gründerpräsidenten der AICA (Association internationale des critiques d'art).

«*...In der Flucht aus der Heimat ist Wunsch nach Selbstbegegnung: dort wo manche um eigene Form gekommen sind, hat er in ständiger Arbeit sich und sein Werk gereift... In vielen Stunden hat er nur sich zum Begleiter gehabt, und die Einsamkeit, der er mit innerem Reichtum begegnet ist, gibt ihm die Klarheit, die Ruhe und die Sicherheit, die aus seinem Werk jetzt so sehr zu uns redet... Obwohl er in unserer Zeit steht, ist ihm die Vergangenheit Erbe und darüber hinaus durch strengen Dienst Besitz geworden. Er kennt die alten Meister, doch wirkt, was er bei ihnen gelernt hat, als Zuwachs eigenen Wertes... Ein Bild mahnt manchmal von fern her an Poussin - Mensch und Landschaft haben die selbe innere Form. Er kennt die neueren Meister, doch bricht die Begegnung mit ihnen nie die Stetigkeit der Entwicklung: man fühlt die Wirkung von Delacroix, sehr stark in früheren Bildern, gelöster und mit des Künstlers Wesen verbundener in späteren. Er kennt auch die Meister unserer Tage, und einem unter ihnen ist er wahlverwandt: Cézanne... Läßt man die Gesamtheit seiner Welt vor dem Auge erstehen, so schaut man das Wechselspiel von Kräften, die sich ergänzen: eine prästabilierte Harmonie, die lebt, weil sie nicht logische Rechnung ist, sondern formgewordene Begegnung seelischer Wirkungen, die ihren Mittelpunkt in einem einheitlich empfindenden Menschen haben... Rhythmus nicht Regel!... Vor wenigen Monden ist der Erfolg zu ihm gekommen; nicht unerwartet aus blauen Himmeln; er hat sich durch viele Jahre hindurch vorbereitet. Er findet einen reifen, innerlich festen und vornehmen Menschen: ihm strömen – wie jedem Künstler – die tiefen Kräfte aus Unbewußtheit: er wird sich auch weiterhin zu ihnen bekennen und darin bedeutend sein...*»[31]

«*De Holbein à Hodler, en passant par Liotard et Böcklin, les peintres suisses – ceux-là mêmes que nous vîmes l'été dernier au Jeu de Paumes – ont affecté l'excessive réserve, la froideur et la sécheresse, la volontaire soumission aux règles à l'objet.*

Aujourd'hui c'est la fonte des neiges! Un Bosshard, un Gimmi s'abandonnent à la tendresse, au bercement des lignes courbes, au frémissement d'un raisonnable amour. Trop de renoncements leur semblent inutiles et le puritanisme leur fait horreur. Ce ne sont ni des exaltés, ni des timides... Wilhelm

Gimmi, dont l'art, depuis trois ou quatre ans surtout, se développe en profondeur et garde son calme, sa fraîcheur et son naturel, est un peintre essentiellement français. C'est en regardant notre ciel argenté, nos toits bleuâtres et nos femmes souvent trop blanches qu'il a rêvé d'harmonies en sourdine et de lumières caressantes, de gestes sobres et de prouesses accomplies avec sourire.

Ses principales qualités sont la discrétion, la souplesse et la grâce. Français de naissance il serait peut-être moins sérieux, il céderait à la tentation, il aimerait montrer son savoir et son savoir-faire. Le sérieux de Gimmi n'est jamais maussade. Ses œuvres respirent l'intelligence mais la sensibilité s'y accorde avec le discernement. Elles sont la noblesse authentique, laquelle ne doit son prestige qu'aux fines qualités de l'esprit. Elles ont aussi leur saveur particulière, leur indéfinissable attrait. Elles nous parlent sans crier, nous persuadent sans violence et, sans artifice nous séduisent complètement.

La simplicité des moyens n'engendre ni lassitude ni pauvreté. Le peintre est riche mais économe. Quelques ombres bleues lui suffisent pour suggérer le moelleux d'une chair, le fondu d'un arrière-plan. Les jaunes clairs, notes aiguës, ponctuent la mélodie dans les hauteurs, tandis que les verts et les bruns-rouges, plus chauds, plus graves soutiennent le frêle édifice coloré, ses jeux de nuances, ses délicates modulations.

La palette ordinaire de Gimmi comporte plus de tons légers, célestes, que de garances et de terres brulées. Si l'on compare cependant ses premières œuvres aux importantes figures qu'il vient d'achever en 1925, on constatera que le coloriste a singulièrement gagné en vigueur et en accent. Les oppositions de lumière et d'ombre sont plus franches, ce qui donne naturellement plus de relief au modelé. Le noir, employé à l'état pur et avec prudence, intervient parfois comme un élément actif dans la recherche d'équilibre et d'harmonie qui demeure la préoccupation essentielle et constante du peintre.

D'autres couleurs brillent d'un vif éclat, notamment dans les fonds et les premiers-plans. Sur elles, les arabesques du contour se profilent plus nettement que par le passé.

La solidité de la construction s'en trouve accrue. Mais l'évolution que nous nous plaisons à signaler s'accomplit sans ostentations ni brusquerie. Comme Gimmi ne travaille point par système, l'épanouissement de son talent se poursuit avec la sûreté, la logique inconsciente et la relative lenteur d'un phénomène naturel.

On peut dire qu'en quelques années son art a beaucoup mûri, autant sous la prouesse d'une force intérieure que sous l'action de notre soleil parisien.

De prime abord, un tableau de Gimmi a sans doute plus de rapports avec la musique qu'avec l'architecture. Pourtant – ne nous arrêtons pas à la surface des peintures et jetons aussi un coup d'œil sur les dessins – l'artiste est maître de la forme et ses groupes sont homogènes, cohérents, admirablement inscrits dans le cadre qu'ils remplissent sans que l'air s'y trouve raréfié. Puisque Gimmi modèle avec la couleur et ne sépare point la ligne du ton, ce que nous disions de la densité, de la fermeté de ses œuvres récentes s'applique à la plénitude de leurs volumes comme à l'intensité de leur orchestration. Sous la chair tendre et frissonnante, on sent que les muscles travaillent, que les poumons respirent librement, que le cœur bat régulier. Toutes ces forces, qui ne sont point tendues, concourent à souligner le rythme de la vie même, de la vie aisée, tranquille.

On pourrait oublier ceci. On pourrait, du sujet, ne retenir que le prétexte. Il faudrait dire alors que Gimmi, avec Picasso, est l'un des rares peintres contemporains qui traitent le nu comme un « thème plastique » – abstraction faite de toute signification extra-picturale – et savent en tirer de puissants effets linéaires et de masses.

Gimmi procède-t-il d'Ingres et du « Bain turc » ? Remonterons-nous jusqu'à Poussin ? Rien ne l'interdit. Même privés de toute valeur expressive, les nus de Gimmi gardent in abstracto leur valeur démonstrative et leur caractère de « problèmes » bien résolus. Ni Poussin cependant, ni Ingres… ni Gimmi ne créent des formes inhumaines. Ils conçoivent assez froidement, réalisent de tout leur être.

En présence de la nature le peintre observe, constate, enregistre et ne réagit que lentement. Il n'a point d'idée préconçue, d'opinion sur le beau en soi, l'idéal ou la forme fixe. Ces membres dont les mouvements l'enchantent et l'émeuvent, il ne rêve pas de les allonger ou de les raccourcir aux proportions de quelque nouveau lit de Procruste. Il regarde mais, d'autre part, exprimer ce qu'il voit n'est pour lui qu'une mise en train. Il commence à vibrer, à créer, quand il transpose. D'une gangue dure et froide, d'une écorce rugueuse ou lâche, il extrait patiemment le joyau translucide et le fruit doré. Il dépouille respectueusement l'univers de ses voiles, la réalité de ses tares. Ce qu'il aime est pour lui bien plus précieux que ce qu'il connaît. En tout ce qu'il retient, épure et amalgame, nous percevons l'écho d'une sympathie agissante. Les raisons de son choix sont les raisons du cœur. Gimmi peint amoureusement.

S'il a des dons de portraitiste, on comprend qu'il refuse les commandes. Pourrait-il – ses tableaux sont des confidences, des aveux – pénétrer dans l'intimité du premier venu? Il faut d'abord que s'établisse un commerce d'échanges entre le peintre et son modèle, qu'ils se prêtent mutuellement secours et assistance, qu'ils jouissent d'une liberté réciproque et qu'ils soient véritablement amis.

Gimmi paysagiste, a besoin de la même sécurité. En confiance avec la nature et l'atmosphère, il pourra composer des chansons de plein air, des idylles. Sinon, rien à faire. Gimmi n'improvise pas!

Il communie tous les jours avec Paris. Il découvre de sa fenêtre un bras de la Seine, tout le Quai de l'Hôtel de Ville et tout le Quai des Célestins, les maisons que l'on démolit, le chœur élancé de Saint-Gervais flanqué de sa tour mince et claire, le ciel aux pâleurs de pastel, les arbres jaunissants. Dans ce large panorama, il a découpé de charmantes pages. Il a souvent recommencé «Le Pont», l'une des œuvres où l'on saisit le mieux les caractéristiques de son style et son processus de transposition. Haut perché, il regarde aller et venir de petits personnages anonymes. Il amplifiera les silhouettes, ralentira la marche et simplifiera le détail du costume. Le pittoresque tombera. Le spectacle, en perdant tout apparence d'actualité, se reconstituera dans l'esprit de l'artiste comme un poème aux cadences classiques. L'allure des grandes promeneuses aux gestes de canéphores se substitue, dans le tableau fini, aux pas rapides de la midinette et la tranche de vie populaire fait place à une sorte de ballet aristocratique ou de frise bien enchaînée. Au fond, la pure géométrie des façades accuse le rythme d'ensemble. La couleur locale a fondu. Seule

la qualité de l'atmosphère décèle le voisinage de l'Ile Saint-Louis. C'est ainsi que Gimmi comprend la fidélité à la nature.

Parce que ses œuvres sont généralement de petit format on n'a pas toujours deviné leur grandeur, celle qui ne se mesure pas au décimètre. On a classé Gimmi «peintre de petits nus», ce qui ne lui fait pas injure mais le définit incomplètement. Une composition comme l'«Atelier» est toute autre chose qu'un joli morceau. On souhaiterait à pas mal de nos contemporains l'invention qui préside à la répartition des quatre figures sur le beau fond gris.

Mais les nus? Ils dominent dans la production de Gimmi. Même dans le portrait c'est la chair qui séduit le peintre et nous n'aurions garde de lui faire un grief. Sous les vêtements, les corps fleurissent. Il leur arrive d'être un peu soufflés, un peu bouffis. Une lointaine influence de Picasso pourrait être invoquée pour justifier leur amplitude, leur calme olympien. N'insistons pas, car les analogies sont de pure forme et Gimmi ne dessine ni ne peint comme Picasso. Ses «conglomérats sensibles» pour reprendre l'expression d'André Lhote, ont encore l'accent cézannien.

Il ne suffit pas de changer le sujet pour se renouveler. Le difficile est précisément d'éviter la monotonie en se répétant, du moins en rédisant, sur le même sujet, des choses de plus en plus sûres.

Gimmi varie à l'infini la pose, l'éclairage et la palisse de ses nus. De la chair bronzée à la chair laiteuse, que de nuances à fixer! Dans le nu, où la matière conserve plus qu'ailleurs son importance, il est cependant loisible à l'artiste de considérer d'autres éléments: l'arabesque et le volume. Souvent le corps humain gracieux enchevêtrement de lignes courbes, n'est qu'une occasion, un ensemble de «données», une chance qui se propose. Gimmi se verse dans aucun excès. Ni matériel, ni théorique, il se meut librement dans le concret mais il n'y avance qu'en mesure. Il exècre la violence, exagère parfois dans le sens de l'impassibilité et n'est jamais mieux inspiré que par un visage de dormeuse, un bras qui soutient avec négligence un flot de cheveux dénoués, une large poitrine offerte au soleil, au vent tiède.

Gimmi, grand travailleur, est le peintre de l'indolence, de la paresse et du sommeil.»[32]

Wiederum vergehen an die zehn Jahre, in denen Gimmi an seinem Werk weiterbaut. Sein Leben gruppiert sich gleichsam um sein Werk, um seine Arbeit, ohne daß er ihr gegenüber an freier Beweglichkeit einbüßt. Von 1932 bis 1938 treffen wir ihn in den Sommermonaten zeitweilig in Villeneuve-lès-Avignon und Saint-Rémy, Landschaften malend, zeichnend, neue Erfahrungen sammelnd. 1933, durch den Abbruch des baufällig gewordenen Atelierhauses auf der Ile Saint-Louis gezwungen, übersiedelt er in einen neuen, großen, nach Norden geöffneten Raum an der rue Belloni im Quartier Pasteur am Rande des Montparnasse. Gimmi liebt an sich die großen Räume nicht; sie zwingen ihn, die Umgebung für jedes neue Bild neu zu gestalten, die Gegenstände neu zu gruppieren.

« *Un nonchalant désordre dans la vaste pièce. Des dessins étaient cloués aux murs. Partout s'exprimait ce souci de sincérité et de mesure, cette haute volonté de discipline, ce désir de noblesse et de simplicité qui sont à la base et forment l'essence même de l'art de notre peintre...*»[33]

Auch in diesen Jahren beobachtet ihn die Kritik. Gotthard Jedlicka schreibt einen längeren Bericht[34] über die große Gimmi-Ausstellung in der Pariser Galerie Druet; in Basel liest man:

«*Den Clou des diesjährigen Herbstsalons, um den man Trommel und Tamtam schlägt, bildet das Damenbildnis des lärmigen und Mode gewordenen Farbenzauberers van Dongen... Aber unter der Gruppe der führenden Franzosen von heute steht der Schweizer W. Gimmi einzeln und überragend in vorderster Reihe. Man kommt von der Überzeugung nicht los, daß die wunderbare Schulter seiner großen Frauenfigur ein ernsthafteres und echteres Stück Arbeit bedeutet als das flimmernde Können van Dongens. Ruhig und unberührt vom Lärm der Messe um ihn herum geht Gimmi vorwärts. Seine Farben, das Gewand der Frau, die Töne seines Stillebens werden dunkler, fester... Seine Bilder bedeuten unstreitbar etwas vom Besten, das der Salon diesen Herbst zu bieten vermag.*»[35]

«*S'il fut un temps où Gimmi développait ses intentions en de volontaires compositions qui tenaient plus de schéma ordonné dans un souci de lumière que de l'esquisse inspirée, il atteint, à la suite de recherches l'ayant menées insensiblement à la profondeur, une noblesse et un naturel peu communs. Il s'affirme comme un des rares compositeurs de ce temps. Je ne dis point que d'autres ne cherchent pas parallèlement, mais, simplement, que ce peintre possède d'instinct le sens de l'ordre, de la mesure et qu'il voit et pense grand... Le modèle vivant est un spectacle singulièrement émouvant. Gimmi le contemple avec ferveur, attendant le mouvement qui va se développer, dont il notera les phases graphiquement jusqu'au moment où les bras s'équilibreront avec la courbe du torse sur les jambes parvenues à l'aplomb. Il semble que d'un coup d'œil il ait analysé et restitué la construction avec une lucidité, qui, pour ne retenir que le nécessaire, garde une fraîcheur de premier jet toute sensuelle et joyeuse...*

La vision objective est donc chez Gimmi un acte instinctif de composition par le choix et l'ordonnance des éléments qui paraissent s'appeler et se compléter dans son esprit...

Je ne connais pas un bout d'esquisse de Gimmi qui ne porte en soi ce souci d'équilibre...

Ainsi Gimmi atteint le style par les moyens les plus directs, ceux qui caractérisent son esprit d'observateur constructeur sans rien omettre d'une sensualité contenue et qui en est sans doute, la plus pure expression... Il y a donc chez ce peintre une tendresse souvent masquée et si l'émotion surgit du rapport imprévu de tonalités juxtaposées, elle vaut aussi en profondeur et en humanité au-delà du concept plastique...

Il semble même que, de plus en plus, Gimmi se laisse conduire par la fraîcheur de sa vision avec le désir de retrouver dans son rêve coloré l'éclat qui l'illuminât. Il jouait jadis d'un certain déterminisme de la couleur, qui engendrait par de subtils rapports de complémentaires une lumière précieuse. Cette exaltation des variations dans les localités l'ont amené à des accords très neufs qu'il a peu à peu dépouillés vers une synthèse où les moyens ne sont plus lisibles. J'entends que chaque ton local, tout en conservant ses modulations internes, fait bloc, s'incorpore à la forme pour la lier aux autres éléments du tableau par un dosage plus précis des volumes se correspondant avec naturel, suivant les directions imprévues et prises dans la vie.

Le sens de cette œuvre apparaît avec infiniment de noblesse. Du geste le plus familier naît une grandeur si simple, si vraie, qu'elle se prolonge en nous comme une pensée bienfaisante... Et toujours le compositeur ramène le thème aux seuls fins plastiques, en pèse scrupuleusement les éléments, les confronte, les dépouille vers la plus vivante simplicité et le souci constant de la lumière. Entendons qu'il ne s'agit point ici d'effet et que Gimmi possède l'instinct de la lumière du tableau, de cette impondérable qui en fait l'unité, qui en lie intimement les parties, qui explique dans le sens le plus général sans faire penser à l'accident photographique d'un éclairage...

Cette maîtrise est justifiée par des études constantes. Gimmi exprime la lumière par le dosage des tonalités et leur cohésion vers une dominante. Il n'existe pas le moindre fragment dans un tableau qui ne joue son rôle dans l'ensemble et dont les réactions ne soient précisément déterminées par le voisinage...

C'est là je pense, la marque d'une œuvre vivante que l'on découvre sans cesse en la connaissant mieux et qui se poursuit logiquement... Je crois, ainsi, que Gimmi est en marche vers les réalisations de grande classe. Je ne les entends pas forcément dans l'étendu de la surface... mais aussi dans la profondeur de son œuvre qu'il a su mener d'un pas tranquille et assuré à travers le tohu-bohu des esthétiques poussives, pour atteindre le sens le plus noble de la peinture.»[36]

«A ceux qui parlent à tout propos de mystérieuses correspondances entre l'esprit des hommes et le sol qui les a vu naître, nous citerons volontiers l'exemple de Gimmi. Comment voir dans son œuvre une influence des froides montagnes hodlériennes et les cimes aiguës de son pays...? Ce qui nous frappe chez Gimmi, c'est sa façon d'anoblir les sujets les plus vulgaires et, bien que traités en des formats restreints, de leur conférer une sorte de majesté plastique. Peu de peintres contemporains font plus grand dans un cadre plus exigu. Et ceci n'est pas le seul contraste de son œuvre: ses figures, ses portraits, ses nus sont nonchalants, souvent boursoufflés, toujours vaguement assoupis; l'absence de contrastes vifs leur donne l'apparence d'être peints avec quelque mollesse et de manquer de consistance; pourtant, lorsque nous regardons de plus près, nous voyons s'équilibrer les corps selon des plans stricts et rigoureusement établis, nous voyons un rythme intérieur les animer selon des alternances parfaitement architecturales et les volumes se coordonner avec précision.

Le cézannien Gimmi – qui n'a pas été sans doute sans subir quelque influence de Picasso – ne peut-il pas être accusé de se faire mal comprendre? Trop de sincérité nuit. Gimmi n'a jamais sacrifié quoi que ce soit au goût de la facilité: son œuvre s'est développé lentement dans un ordre harmonieux, en marge des snobismes, sans retours et sans excès.

Il y a même en lui une sorte de réserve et de timidité... Sans doute les sujets ne sont-ils pour lui que prétextes à transposition. La chair de ses nus est traitée avec une recherche dans les accords de tons qui donne à ses tableaux une sorte de charme Verlainien extrêmement subtil.

De la musique avant toute chose... C'est une douce symphonie colorée. Ses œuvres font partie de ce mystérieux domaine intermédiaire entre le rêve et la vie. Mais sa composition, toute en inflexions gracieuses, est toujours d'un juste équilibre.

L'artiste est animé d'une véritable ferveur pour son art, sa – manière – est en base de loyauté. C'est pourquoi sa peinture possède presque toujours une plénitude – presque une solennité – qui lui permet d'attendre avec tranquillité le recul du temps. En dehors de la peinture abstraite, nous en connaissons peu de plus intellectuelle que la sienne. Tout spectacle est pour lui fonction de formes et de couleurs distribuées non avec arbitraire mais avec un souci d'ordonnance selon les lois de l'esprit. Peindre est pour lui chose grave, et son travail patient, austère, s'adresse à ceux qui peuvent atteindre l'émotion par la satisfaction cérébrale.

Ses personnages contemporains possèdent une certaine dignité en dehors de tout pittoresque superficiel et passager: inexpressifs, ils traduisent l'essentiel de la vie. Dans leurs mouvements calmes et mesurés ils élèvent à cette qualité plastique par quoi l'on reconnaît l'œuvre puissante et durable.»[37]

«Si le rôle du critique étroitement lié, malgré les apparences, à celui du journaliste est de signaler ou de confirmer l'existence d'un talent, de le commenter, de le mettre en valeur, nous indiquerons d'abord comme une information de premier plan l'exposition de Willi Gimmi, rue Bonaparte. La galerie expose de ce peintre une suite de paysages des Alpilles et quelques compositions d'un mérite exceptionnel... Gimmi ne saurait rien transcrire qui ne soit solidement construit. Sa peinture est une œuvre réfléchie, toute rayonnante d'intelligente clarté. C'est préciser qu'une toile du peintre a demandé une mise au point comme seuls les classiques, de Poussin à Cézanne, ont su en établir...»[38]

«...Gimmi par exemple, un de nos meilleurs peintres de composition, apparaît pour la première fois en ce Palais municipal et s'y montre sous son jour complet et favorable de constructeur de nus, de portraitiste et de paysagiste provençal...»[39]

«...M.K. Sie erweckt bei uns Schweizern jedoch deshalb ein besonderes Interesse, weil zum erstenmal zu diesem eigentlich nur den französischen Künstlern reservierten Zyklus ein Schweizer eingeladen worden ist: W. Gimmi. Damit wird die hohe Geltung, die sich der Maler in den fast drei Jahrzehnten seines Pariser Schaffens erworben hat, ehrenvoll bezeugt... In Gimmi ist, abgesehen von seiner Sicherheit in Farbe und Bildgestaltung, ein (in der französischen Umgebung noch auffälligeres) Zusammenwohnen von Wärme und Zurückhaltung, von Weichheit und Kraft. Er treibt seine Bilder sehr weit in der technischen Vollendung, aber sie verlieren dadurch die Unmittelbarkeit des Gefühls nicht. Die öffentliche Ehrung, die ihm heute in Paris zuteil wird, wird durch diese kleine Auswahl schönstens gerechtfertigt.»[40]

Im gleichen Jahr 1937 vertritt Gimmi zusammen mit Amiet, Barth, von Tscharner, Morgenthaler, Kündig, Blanchet, Auberjonois und Darel die Schweizer Kunst an der Pariser Weltausstellung. Ernest Hubert stellt gleichzeitig als einziger Schweizer in der französischen Sektion aus.[41]

«Les œuvres qui y sont réunies et qui ne remontent pas à plus de quatre ans constituent un ensemble où s'affirme la pleine maturité de l'artiste que l'on peut ranger sans hésiter parmi les meilleurs de ce temps à Paris. La réalité des êtres et des choses que son art exprime est un merveilleux équilibre de force et de sensibilité... Souhaitons plutôt que, quelque jours, une exposition Gimmi en Suisse, permette aux ama

teurs auxquels il est encore étranger dans son pays de découvrir eux-mêmes un maître qui l'honore d'autant plus qu'il ne lui doit, en art, absolument rien.»[42]

«Si la culture n'était pas un vain mot, si notre époque avait gardé le sens du beau métier et de la qualité, Gimmi ne serait pas un artiste solitaire, l'exposition de la galerie Rodrigues devrait imposer à l'attention de tous l'œuvre de ce peintre de formation classique, coloriste raffiné et grand dessinateur. Traités par touches légères, les paysages de Gimmi nous restituent, non seulement l'atmosphère et l'ambiance lumineuse d'une région, mais aussi la structure d'un terrain, son caractère, son rythme et sa composition. Peintre de figures, Gimmi présente une suite de nus d'une harmonie, d'une perfection plastique et d'une ordonnance, qui révèlent à la fois un profond savoir, un talent authentique et un goût patricien. Ses scènes de cabaret sont autant de dialogues dont les protagonistes, simples ouvriers en costume de travail, évoquant les jeunes hommes que peignaient Raffael, Piero della Francesca ou Nicolas Poussin. Gimmi est un moderne qui retrouve l'élévation d'esprit et le climat moral des maîtres anciens.»[43]

«Une peinture claire, délicate, sans défaillance. Du mouvement, une touche vivante, pressée, souvent à fleur de toile. Des bleus mats, poudrés, des bleus d'ailes de papillons, des jaunes de colza, des verts aux transparences d'eau. Et, là-dedans, les attitudes familières de Gimmi... Portraits du peintre par lui-même, assez violents, bien campés, où l'artiste paraît souvent plus élancé qu'il n'est en réalité... Il nous regarde bien en face de ses yeux brillants avec un mélange de méfiance et de sympathie. C'est un peintre des nuances (ce qui pour un Suisse est une rareté), un artiste de la lumière, un dessinateur au trait sûr.

Il y a bien des années, j'avais remarqué de W. Gimmi un petit tableau (c'était je crois un nu représenté de dos) qui figurait à une exposition du Pavillon de Marsan, où notre compatriote faisait bonne figure parmi les grands peintres français contemporains. Depuis lors, il n'est pas un amateur d'art, habitué du Salon d'Automne ou des Tuileries, qui ne connaisse ses tableaux lumineux, spontanés, toute empreintes de blondeur, lesquels sont signés Gimmi d'une écriture cursive.

L'homme est d'une simplicité toute naturelle, un peu réservé, bâti pour faire face à la vie, habitué à la réflexion. Je l'ai vu dans son atelier rue Belloni, grande pièce doucement éclairée. Aux murs, des sculptures, des masques, une gravure du «Testament d'Eudamidas» qui ne se trouve point là par hasard, puisque Gimmi a fait la copie au musée de Chantilly, du «Massacre des Innocents» de Nicolas Poussin... Pour Gimmi, le grand problème c'est l'exécution. Doit-on travailler de mémoire ou dessiner d'après nature? Gimmi suit alternativement les deux méthodes. Comme il faut posséder l'objet pour l'interpréter, il le dessine d'abord pour le bien connaître. Dans sa lutte avec la nature, le peintre est tenté de s'attarder aux détails, mais il fait des trouvailles, il découvre une grande variété de nuances, des possibilités de renouvellement; quand il peint de mémoire, par contre, la forme simple, mieux ramassée sans doute va moins loin et le durcit dans le stylisé. Tel est le dilemme que se pose notre peintre.

Gimmi sait tout peindre... Avec lui nous sommes dans le climat de Vermeer, de Corot, de Daumier, de Bonnard et des grands intimistes. Sa palette est fine, un peu sourde, riche en tons modulés – ces gris qu'on apprend qu'en France où ils sont comme une musique du ciel. Cet homme assez corpulent, à la tête énergique est au fond un délicat, un amoureux de la nuance; son art n'a absolument rien de coupant, de dur, de germanique.

Avant de quitter Gimmi, je regarde encore l'atelier sous la lumière de l'après-midi: il est devenu un tableau du peintre avec ces objets qu'il aime... Et ses tableaux défilent toujours devant moi: pages lumineuses, délicatement colorées avec leurs gris dorés, leurs lumières douces, leurs formes sculpturales où le dessin, à peine touché, rassemble le trait, l'attitude, le volume.»[44]

All diese Stimmen haben Wilhelm Gimmi auf seinem Weg zur Meisterschaft begleitet, haben seine Fortschritte und seine Verwirklichungen aufgezeichnet, haben ihm, obwohl er sich zeitlebens nicht viel aus den Äußerungen der Öffentlichkeit machte, gezeigt, wie hoch seine Zeichnung und Malerei, seine künstlerische Haltung, seine Art und Weise zu gestalten geschätzt worden sind.

Chexbres

Bewältigung der neuen Umwelt
Von der ersten Einsamkeit zum Zürcher Kunstpreis

Die Jahre in Chexbres sind nicht nur Jahre neuer Erfahrungen, sondern schließlich auch Jahre der Erfüllung.

1939, zwanzig Jahre nachdem Gimmi zum erstenmal im Salon d'Automne der Öffentlichkeit gegenübergetreten ist, bricht neuerdings der Kriegslärm aus. Wie weit er in die stille schöpferische Welt einzudringen vermag, wissen wir nicht, jedenfalls nicht aus seinen Bildern und Zeichnungen. Diesmal jedoch ist der Lärm lauter, drohender und unmißverständlicher als 1914. Gimmi sieht sich vor einer Entscheidung, die kein Ausweichen mehr zuläßt.

Obwohl in Paris heimisch geworden und am französischen Kultur- und Geistesleben regen Anteil nehmend, ist er im Grunde seines Wesens Deutschschweizer geblieben. Zweiunddreißig Jahre lang ist Paris seine Welt, sind französische Kunst und Literatur, französisches Theater, französische Landschaft und französischer Alltag Quelle aller seiner Anregungen gewesen.

Gimmi zögert begreiflicherweise lange, diese Welt zu verlassen. Erst 1940, kurz vor dem Einmarsch der Deutschen in Paris, übersiedelt er in die Schweiz. Er sucht lange nach einer Heimstatt: in Zürich, im Berner Oberland, endlich – zufälligerweise – in der welschen Schweiz.

«Le retour en Suisse fut pourtant dur. On ne se montra guère pressé de faire de la place à l'enfant prodigue. Le prestige de l'Ecole de Paris ne faisait qu'accentuer la méfiance professée à l'égard de celui auquel on reprochait sans doute déjà d'avoir préféré l'étranger. L'isolement de Gimmi fut alors immense, aggravé par l'amertume d'un aussi décevant accueil... Les premières expositions à Zurich ne furent pas des succès...»[45]

«Nun, selbst der von den in dieser Hinsicht so vorsichtigen Franzosen anerkannte Gimmi ist von uns noch nicht so,

wie er es verdienen würde, anerkannt worden. Daß man ihm zumindest im Kunsthaus an der Ausstellung der Sektion Paris GSMBA den Ehrenplatz gab, ist immerhin ein Schritt in dieser Richtung. Gewiß, Gimmis Kunst ist keine Kunst, die eigenwillig hervorsticht, aber sie besticht immer wieder durch ihre intime Qualität, die nur wider Willen aus sich heraustritt... und sich stets mit leiser Verlegenheit ausdrückt. Nicht daß sie um den Ausdruck verlegen wäre, sondern weil sie jedes Ausdrückliche und Nachdrückliche äußerst scheut...»[46]

Eines jedenfalls zeigt sich deutlich: eine Niederlassung in der Deutschschweiz kommt nicht in Frage. Zu stark, zu nachhaltig hat ihn Paris geformt. Daß er nicht ausschließlich Großstadtmaler geworden war, sondern malend und zeichnend auch die Natur, die Landschaft durchstreift hatte, erleichtert schließlich die Wahl: Chexbres am Genfersee.

«Ici il a donné une nouvelle fois sa mesure en prouvant que le talent s'accommodait dans tous les sujets et qu'un grand artiste trouvait toujours matière à alimenter sa création. La vie citadine, les belles Parisiennes disparues, l'artiste se penche sur le pays de Vaud et ses gens et à tôt fait d'en percer le caractère...»[47]

«Bis vor wenigen Jahren kannte man den Maler in den Pariser Kunstkreisen besser als in der Heimat. In der führenden Kunststadt sah man in Gimmis Bildern die besten Seiten zeitgenössischer Schweizer Malerei verkörpert. In Gimmis Vaterstadt Zürich indes erinnerte sich die am kulturellen Leben interessierte ältere Generation, daß vor mehr als drei Jahrzehnten ein Maler dieses Namens nach Paris ausgezogen war, und man hörte auch, daß er dort seinen Weg machte...»[48]

Eine neue Welt tritt jetzt in Gimmis Bewußtsein: Lavaux, der Genfersee, die Rebberge. Umgeben von Weinbergen, gegenüber den fernen Eisgipfeln der Savoyer Alpen und inmitten einer wenn auch anders gearteten Bevölkerung französischer Zunge, findet er seine neue menschliche und künstlerische Heimat. Auch für den gereiften, seines Ausdrucks und Handwerks sicheren Künstler bedeutet dieser durch die äußeren Umstände erzwungene Schritt

gleichsam einen neuen Anfang, eine Bewährung des Bisherigen, und hier zeigt es sich, wie unabhängig, wie beweglich, wie frei Gimmi veränderte Umstände anzugehen weiß.

Menschen und Umgebung, Landschaft, Natur, Licht und Farben stellen neue künstlerische Aufgaben und verlangen neue Entscheidungen. Die Schwierigkeit, für figürliche Kompositionen Modelle zu finden, zwingt zu vermehrter Arbeit nach den mitgebrachten Skizzen und Zeichnungen, und ihre unmittelbare Brauchbarkeit für neue Arbeiten beweist ihre künstlerische Gültigkeit. Aber auch neue Menschen treten in sein Blickfeld: der Wegknecht, der Winzer, die Bauern. Das Pariser Bistro wird zum einfachen ländlichen Schankraum, um dessen rohe Holztische sich die Männer nach einer Arbeit, die ihre Gesichter gegerbt und gefurcht hat, zusammenfinden. An der künstlerischen Grundhaltung vermag dies jedoch nichts zu ändern. Das Erzählerische, Anekdotische berührt ihn auch hier nicht. Einzelnes fügt sich in den großen Rahmen des Menschlichen, und so kann es geschehen, daß sich ein Waadtländer Bauer unversehens in die skeptischpfiffige Gestalt des Sancho Pansa verwandelt. Die Liebe zur Wirklichkeit, die Abneigung gegen spekulative Abenteuer finden auch hier ihren Ausdruck. Gimmis Kunst wird wohl etwas herber und erdverbundener, noch maßvoller, dichter und zurückhaltender vielleicht, aber sie bleibt von einer stillen unsentimentalen Poesie erfüllt. Die wiedergefundene Ruhe gewährt Gewißheit, an einem Werk weiterbauen und zugleich Rückschau halten zu können, und in beidem liegt für Gimmi auch die Zukunft.

«C'est l'homme qui crée et qui refait le monde à son image, le reste n'est que prétexte, source d'inspiration, canevas offert sur lequel s'édifie l'œuvre d'art. Promenant son regard sur un monde nullement fermé, Gimmi ne se préoccupe du sujet que pour en tirer la synthèse plastique en dehors de toute sujétion à l'atmosphère ou au milieu... Beaucoup de simplicité et les plus harmonieuses combinaisons de lignes et de couleurs sur un fond d'humanité profondément ressentie...»[49]

Nach und nach findet dann das Werk des charaktervollen, schwer zugänglichen Künstlers auch in der Schweiz Anklang und Zustimmung. 1942 gewinnt er den Preis des Verlegers Albert Skira für Buchillustration. Die künstlerische Ausschmückung der Novelle «Romeo und Julia auf dem Dorfe» von Gottfried Keller wird ihm anvertraut.

«*Les Editions Skira ont été très heureusement inspirées en publiant ce chef-d'œuvre dans une double version et en confiant l'illustration à Gimmi... Il y a beaucoup de points communs entre cet artiste et Keller: le sens de l'humain, d'abord, puis la discrétion, une modestie parfois excessive, un idéalisme diffus qui s'accommode fort bien d'un réalisme solide, à contours très nets, un peu faible pourtant dans la sensualité, enfin un helvétisme instinctif, de la plus rare authenticité. Les lithographies nous montrent un nouvel aspect du talent de Gimmi, et il lui fait grand honneur. On admirera la virtuosité avec laquelle l'artiste, tout en serrant le texte de près, a su conserver sa liberté d'imagination et d'action: rien de gratuit dans ces planches sérieuses, d'une composition si sûre et où les gris apportent la note de l'élégance et du rêve, mais rien de servile non plus... Gimmi a su rester Gimmi – et n'est-ce pas là, en somme, la pierre de touche de l'illustrateur-né?*»[50]

«*La preuve qu'il vient de nous fournir avec ses lithographies en noir du « Roméo et Juliette au village » de Gottfried Keller, est des plus convainquantes. C'est en Suisse qu'il en a gravé les pierres et, rarement, meilleur résultat fut atteint...*»[51]

Im gleichen Jahr greift das Kriegsgeschehen auch mittelbar in sein Werk ein: Am 24. Juli wird durch Bombeneinschlag das Haus des Sammlers August von der Heydt in Elberfeld zerstört. Unter den fünfzig Gemälden und Skulpturen schweizerischer Künstler geht auch eine Gemäldegruppe von Wilhelm Gimmi verloren.[52] Er bemerkt kurz auf den Photographien dieser Arbeiten: zerstört – détruit.

Ist es der Illustrationsauftrag, ist es die vermehrte Publizität, die Gimmis Werk in der Schweiz langsam zum Begriff werden läßt? Ein erstes Buch[53] erscheint über ihn, und François Fosca schreibt:

«*...Il est incontestable que Gimmi est un peintre suisse; mais c'est un peintre suisse qui, non content d'écouter les enseignements de l'art français, pendant plus de vingt ans a vécu à Paris et s'est imprégné de l'atmosphère française. Si l'on ne tient pas compte de cela, on ne comprendra pas vraiment son art, le dosage qui s'y est fait, inconsciemment bien entendu, entre l'apport helvétique et l'apport français...*»[54]

«*...Ses récentes toiles, peintes depuis la guerre, à Chexbres, dans le pays de Lavaux, n'ont rien perdu de leur vie intérieure. On dirait même plutôt que le climat où elles s'épanouissent, favorise la grandeur qui leur est naturelle et contribue à leur maturité. Tout en elles, jusqu'à l'air qui les baigne et je ne sais quelle tranquille possession de ses dons et de la terre natale, participent aux secrètes intentions du peintre... Son retour au pays ne l'a pas diminué. Transportant avec lui ses fantômes, Gimmi n'ignore nullement ce qu'il lui doit et le contact qu'il a repris avec ses origines n'est pas fait – quoi qu'on dise – pour le distraire de la ligne de conduite qu'il s'est depuis longtemps tracée...*»[55]

«*Les événements ont ramené chez eux beaucoup de peintres suisses, qui s'en étaient allés, il y a vingt ans ou davantage, apprendre à Paris leur métier et y vivre de cette existence libre et aérée que l'on n'a pas ailleurs. Raoul Domenjoz était du nombre et Gimmi... Je l'ai revu, l'autre jour, Gimmi, et je l'ai retrouvé pareil à ce qu'il était, quand il commença à se montrer à Paris. Je faisais de la critique d'art à cette époque... En tout cas j'étais surpris parce que je voyais: la naissance d'un monde pictural nouveau, né de Cézanne, mais de bien autre chose encore: les fresques d'Avignon, Giotto et Masaccio, la peinture chinoise, la sculpture nègre et océanienne, l'art mexicain. Quelle étrange et magnifique période, mais qui faisait terriblement penser aux temps des Antonins et à cet empereur Hadrien... qui voulut faire de sa ville Adria comme un résumé ou un panorama des arts, des architectures et des idées de cette antiquité qui devait finir après lui...*

Au lendemain de l'autre guerre apparaissaient des gens d'une rare carrure... Et on remarquait aussi Gimmi. J'achetais de lui à l'époque un petit tableau né du Cirque Médrano et qui représentait deux chevaux blancs, dressés sur leurs jambes de derrière et pétris de rose par l'électricité. Je n'ai jamais cessé d'admirer cette toile pure et savoureuse, vraie dans tous les détails et à demi féerique, où s'affirmaient déjà les grandes qualités de Gimmi: son sens prodigieux du raccourci et de l'essentiel, son don de faire sentir la masse et le poids d'une chose par la lumière qui la modèle, ses couleurs délicates, jamais agressives, et pour ainsi dire riches par en dessous, grâce à de savants accords de tons. Il montra aussi ses premiers nus, d'une franche couleur de chair subtilement et pleinement établie, avec quelque chose de primitif et comme d'impersonnellement terrestre...

Peu à peu l'œuvre de Gimmi s'imposa à tous... Jamais il n'a perdu malgré l'acquisition progressive de sa science, cette fraîcheur d'âme et de palette, qui le rend aussi sensible à un groupe de baigneuses qu'à une rude figure de paysan. Il n'y a pas chez lui cette volupté dans la façon de peindre les choses que l'on voit chez un Bonnard ou cette intimité qui fait le prix d'un Vuillard. La réserve de Gimmi est plus grande; elle va jusqu'à isoler ses personnages dans une sorte de curieux monde muet, tranquille et solitaire... Mais dans toutes ses toiles, quelle connaissance de la forme et du mouvement!... Dès ce moment (1924) Gimmi n'avait plus grand-chose à apprendre: et pourtant il n'a pas cessé de se perfectionner...

Il faut dire aussi que ce qui donne un si bel aplomb aux figures de Gimmi, c'est la qualité du dessin. Chaque grand peintre ou sculpteur a sa morphologie particulière. Celle de Gimmi relève directement de l'anatomie, comme chez tous ceux qui tendent à revenir au style classique. Cela va si loin chez lui qu'il nous montre, dans de nombreux dessins, les corps nus visibles sous le vêtement... La rapidité du trait arrive à reconstruire la vie par le moyen de quelques lignes hâtives, curieusement réunies par une sorte d'arabesque qui inscrit les corps dans une seule boucle, comme en un paragraphe du mouvement... Gimmi parle peu. Il est lent, un peu lourd d'aspect, bien campé sur ses bases comme ses personnages... Comme il est rare de voir quelqu'un d'équilibré!...

Après ce parcours, cette longue absence, il se fait aujourd'hui reconnaître de la Suisse comme un de ses représentants authentiques et glorieux. Que ce fut sur le pont Marie ou au Cirque Médrano, il n'a jamais oublié ni renié son origine;

mais comme les vrais et durables artistes, où qu'ils se retrouvent, on le voit tout entier présent. C'est un sédentaire authentique, un de ceux qui peuvent aller où ils veulent sans cesser d'emporter toute leur terre natale à la semelle de leurs souliers...»[56]

«...S'il a choisi Paris – Dieu soit loué – et non Munich comme plus d'un le lui conseillait, c'est déjà que son instinct le poussait vers le pays et la ville où il devait passer tant d'années fécondes...»[57]

«...Le 7 août, tous ceux qui ont compris la grandeur de son œuvre, inédité dans le silence, tous ceux qui saluent la modestie de l'homme, la probité de l'artiste, ce mépris de la facilité, cette recherche obstinée d'un problème cent fois creusé, tous ceux-là ont adressé au peintre de Chexbres une pensée de gratitude...»[58]

«Perhaps the most gifted exhibitor is Gimmi, whose color and light show real perception, and whose composition though reminiscent of Cézanne, shows real mastery...»[59]

Immer wieder sind es Stimmen aus Frankreich, die ihn begleiten, die bedauern, daß er nach dem Kriege nicht mehr an die Seine zurückgekehrt ist. Ob er es jemals ernstlich erwogen hat? Mittlerweile ist Wilhelm Gimmi sechzigjährig geworden. In der Schweiz unterbleibt eine große Ausstellung.

«Am 7. August vollendet Wilhelm Gimmi in Chexbres sein sechzigstes Lebensjahr mit einer Spannkraft, die einen schöpferischen Fünfzigjährigen kennzeichnet... Innerhalb der Schweizer Malerei der Gegenwart nimmt Wilhelm Gimmi eine Sonderstellung ein. Eine reiche schöpferische Substanz hat sich in dieser Malerei an der steigernden Umgebung einer Weltstadt verwirklicht und von jedem provinziellen Einschlag befreit... Alle seine Bilder sind in der Zeichnung und Farbe auf eine kühle Weise beschwingt: von einer zurückhaltenden Festlichkeit, bei aller Modernität, in aller scheinbaren großstädtischen Eleganz von einer fast altmeisterlichen Gediegenheit... So werden viele Verehrer der Malerei von Wilhelm Gimmi in Frankreich und der Schweiz am 7. August dankbar seiner und seines vorbildlichen künstlerischen Werkes gedacht haben, das er mit gelassener Unermüdlichkeit weiterhin fördern wird, weil er zu jenen Menschen gehört, die sich gestaltend am reichsten erfüllen.»[60]

«*Je ne pense pas faire injure aux meilleurs parmi ces pairs, qui d'ailleurs lui vouent une sincère admiration, en constatant ici simplement que de toutes les expositions particulières qu'il nous est donné de visiter dans l'année, celle de Gimmi se présente chaque fois comme la plus considérable, tant par la richesse de la personnalité de l'artiste que par la grandeur de son art.*

Etrange et incommode situation de ce peintre, Thurgovien né sur les bords de la Limmat, mal accepté par ses confrères zurichois qui ne lui pardonnent guère sa réussite parisienne, et dont l'installation purement accidentelle à Chexbres pendant la guerre, ne suffit pas à en faire un peintre vaudois.

Disons tout de suite que la personnalité de Gimmi est bien trop marquée pour que ces circonstances aient une influence quelconque sur son art. Si nous le rappelons, c'est bien plutôt pour regretter qu'un homme de sa valeur, et jouissant dans un pays où certes la concurrence ne manque pas, d'une juste renommée, ne parvienne que lentement, dans sa propre patrie, à se faire reconnaître par le grand public…»[61]

«*Quinze peintres. Parlons du moins de quatre d'entre eux. Le silence est aussi une opinion… Enfin Gimmi, qui n'occupe pas, il s'en faut même de beaucoup, une des premières places dans cette exposition… Gimmi expose vingt-trois tableaux, vingt-trois toiles où l'on retrouve avec joie les qualités de ce grand artiste. Il a fêté ses soixante ans l'an dernier, mais le musée de sa ville natale semble avoir oublié cet anniversaire; d'autres qui ne le valent guère, ont eu plus de chance. Nous savons bien que nul n'est prophète dans son pays. Mais comment ne pas s'étonner, une fois de plus, de ce demi-ostracisme dont souffre à Zurich celui qui est peut-être notre plus grand peintre actuel? Attend-on sur les bords de la Limmat qu'il ait disparu pour le saluer comme il le mérite? Ne sait-on pas ici que certains gestes honorent?…*»[62]

Wohl häufen sich nach und nach auch die Stimmen in der Schweiz, die sich zu seinem Werk bekennen. Aber auch der Geist lokalpatriotischer Eitelkeiten bemüht sich – reichlich spät –, Gimmi als Kind dieses oder jenes Kantons zu beanspruchen. Wo aber, so fragen wir, blieben damals die großen Aufträge, die einen solchen Anspruch erst gerechtfertigt hätten?

Auch Grundsätzliches ist zu seinem Werk wenig mehr zu hören: vieles, alles ist gesagt, von frühen Freunden und feinempfindenden Bewunderern, von treuen Wegbegleitern und Sammlern, die nicht erst nachträglich entdeckt haben, was im Werk dieses Malers verborgen liegt und nur darauf wartet, ans Licht gehoben zu werden. Was jetzt noch geschrieben wird, trägt mit wenigen Ausnahmen auch jenen offiziellen Charakter, der keinen neuen Beitrag zum Menschen- und Künstlerbild bedeutet, es sei denn beispielsweise ein Wort von Arnold Kübler:

«*Ich erkannte ihn, als er am Bahnhof von Chexbres auf mich wartete, schon aus dem Zugfenster. Seine Selbstbildnisse, drauf er grad aufgerichtet, wartend gewissermaßen oder zurückhaltend, ruhig dasteht, haben mitsamt dem Rot seines Gesichts aus mancher Ausstellung der letzten Jahre dem Besucher sich eingeprägt. Zuerst redeten wir französisch, denn ich dachte, daß er nach dreißig Pariser Jahren und nach soundso langer Waadtländer Zeit das zürcherische Deutsch nicht mehr reden oder nicht mehr ausstehen könne, so wie es Spitteler hielt. Das war aber nicht so, und wir verfielen rasch auf unser gemeinsames Vater- und Mutterdeutsch und verloren auch rasch die Angst voreinander. Ich jene des Eindringlings und er jene des Überfallenen. Am Anfang des Krieges ist er aus Paris nach Chexbres übergesiedelt… Er ist dort nach langem Beharren eines Tages sozusagen entdeckt worden, die Unvoreingenommenheit jener frühen Beurteiler hat sich ihm tief eingeprägt, er ist ihnen noch heute dankbar. Nun malt er also seit 1940 in Chexbres unter den welschen Weinbauern statt unter den Großstädtern. Der Wechsel brauchte ihn nicht allzu tief zu beeinflussen… Er hat sein eigenes inneres Bilderreich sich längst erschaffen, holt dort heraus, was er schafft, darum sind in Farbe und Form die Malereien so sehr seine eigenen, sind sie so sehr überzeugend. Ob sich's um Weinbauern, Zirkusleute oder Frauen handelt, ein wenig Traum und Paradies ist immer um sie, eine Verklärung, die nicht äußerer Zutat bedarf, sondern Stil ist…*»[63]

«*Zu den Jüngsten zählt in zeitlicher Beziehung der Zürcher Maler Wilhelm Gimmi sicher nicht. In künstlerischer Hinsicht hingegen darf man ihn getrost zu den jünge-*

ren Jahrgängen zählen, obwohl er schon vor ein paar Jahren die schneebedeckte Schwelle des 60.Lebensjahres überschritten hat, ohne daß jene Gazetten, die sonst jeden Musenjünger zu feiern pflegen, wenn er wenigstens sechzig vollgezählte Lenze erreicht hat, besonders Notiz davon genommen hätten. Aber Gimmi ist sich längst gewöhnt, etwas stiefmütterlich behandelt zu werden von seiner angestammten Heimatstadt, wo sein Schaffen, außer bei jenen wenigen, die auf die Dauer doppelt zählen, selten auf übermäßiges Verständnis stieß... Vom Erfolg im Salon 1919 nahm kaum jemand in der Schweiz Notiz, obwohl es eine für einen Schweizer einmalige Auszeichnung war...»[64]

«Nous espérons tout de même bien que Gimmi, si flatteusement reconnu par l'étranger, ne connaîtra pas l'amertume de se voir ignoré par ses compatriotes à l'exception des conservateurs des musées suisses...»[65]

Im Jahr 1953 beauftragt ihn Zürich mit einem ersten großen Wandgemälde für das Muraltengut[66], und 1955 darf er das Geschenk der Schweizer Hochschulen zum Jubiläum der ETH ausführen.[67] Es sollten die ersten und zugleich letzten Aufträge dieser Art sein, und sie entstehen gleichsam am Rande einer Lebensarbeit, deren innere und äußere Dimensionen festgelegt sind. Es ist zu bezweifeln, daß Gimmi nach weiteren ähnlichen Aufträgen überhaupt Ausschau hält, nachdem er mehr und mehr alles von sich fernhält, was seine Arbeit hätte beeinträchtigen oder hemmen können.

«...Also scheint die Londoner Ausstellung doch zu Stande zu kommen... Aber ich hatte vor Jahren nach einer Schweizer Ausstellung auf Tournée in deutschen Städten, durch Pro Helvetia finanziert, geschworen, nie wieder an einer provinzlichen Ausstellung mitzumachen. Man bekam nach dem Schluß die vollständigen ,Pressestimmen' zugeschickt und das genügte mir für immer... Im Grunde habe ich nur für die Berner Ausstellung Interesse, für die ich mich jetzt schon vorbereite, zwar ohne große Hoffnung, das Berner-Eis zu brechen...

Dann sollte ich für eine ev. Exhibition zum 70. Geburtstag im Kunsthaus eingeladen werden, wie es jedem 70er in Zürich passiert. Ich glaube zwar nicht daran und werde bei

einem ,Vergessen' nicht unglücklich sein, aber man kann nie wissen...»[68]

Diese Ausstellung, die erste große Übersichtsausstellung über seine Lebensarbeit, öffnet ihre Tore am 1. Dezember 1956.

«Der Zürcher Maler Wilhelm Gimmi mußte siebzig werden, und weit über Zürichs Tore und Zinnen berühmt, bevor es ihm zu einer großen Ausstellung im heimischen Kunsthaus reichte...»[69]

«Die gezeigten Bilder gehören zu den bedeutendsten Leistungen der schweizerischen Gegenwartsmalerei...»[70]

«...Eine wirkungsvoll gebotene Schau, die die Einheit dieses fruchtbaren Wirkens vergegenwärtigt und ihre so hervorragenden malerischen Werte... Malerische Werte ganz besonderer Art: als eine merkwürdige Mischung aus Urbanität und Bäuerlichkeit stellen sie sich dar. Von größter Subtilität schon der Pinselauftrag des jungen Malers... und gleichzeitig eine Frische und Unverbrauchtheit der bildnerischen Gestaltung, die nur aus ländlicher Naturverbundenheit erklärbar ist... Die eigenartige Mischung aus malerischer Leichtigkeit und bäuerlicher Schwere läßt sich auch aus den Pariser Landschaften erkennen...»[71]

«...Daß dieser in Zürich geborene Maler bis zu seinem 70. Geburtstag auf dieses Ereignis einer eigenen, ausführlichen Präsentation seines Werkes zu warten hatte... muß tief beschämen. Wer nicht bereits vor dieser Veranstaltung des Zürcher Kunsthauses die Bedeutung Gimmis für die jüngere Schweizer Malerei richtig ermaß, sieht sich in dieser Begegnung gleichsam einem erratischen Block gegenüber, der in Zukunft kaum mehr übersehen werden kann... Offenbar ist nicht von der Hand zu weisen, daß in der Schweiz bis vor kurzem sich nur wenige im Klaren waren, mit welchem Maßstab das Werk Gimmis zu messen sei...»[72]

«...Wichtig erscheint die Frage, ,warum' Gimmi zurückgriff und der Tradition treu blieb. Der Grund liegt wohl darin, daß Gimmi kein Problematiker ist und im Wesentlichen aus dem Kopf arbeitet... Die Gefahr dieses Vorgehens besteht darin, daß sie sich von der Naturform zu weit entfernen und in ihrer Kopf- und Umformungsarbeit die ,alten' Stilformen zu wenig frei benützen. Bei Gimmi trifft das nicht zu... Gimmis Kunst, in der die Gestaltung

mit der Farbe das Primat hat, ist kein Produkt einer un-ruhig im Zeitwirrwarr treibenden Persönlichkeit, sondern die Frucht einer in sich ruhenden Begabung...»[73]

«Dem Pariserfahrer konnte es in den letzten Jahren bei einem Besuch in den älteren Galerien, etwa in der rue Bona-parte, passieren, daß ihn der Besitzer, wenn dieser den Be-sucher als Schweizer diagnostiziert hatte, darauf ansprach, wie es Gimmi gehe, was er male. Der jüngere Besucher wußte jedoch auf diese Frage meist keine rechte Antwort... im Ganzen aber mußte er sich sagen, daß es in der Schweiz doch offenbar merkwürdig still um den Maler geworden sei und daß sich mit dem großen Namen keine rechte Vorstel-lung mehr verbinde...

Die Menschen bleiben bei Gimmi anonym, sie sind zeit-lose Daseinsgestalten, Idealfiguren aus dem Geiste Corots, Ingres, Poussins... Es ‚passiert' nichts auf Gimmis Bildern, die Menschen sind pflanzenhaft in sich beschlossen, fühlen und wissen nichts vom Dasein in ihrer Zeit, und die Aus-sage liegt ganz in der Vollkommenheit der Form, die man ästhetisch schilt, wenn man die Moral einer Haltung nicht mehr begreift. Die Komposition spielt bei Gimmi eine große Rolle, er arbeitet mit wenigen großen Gruppierungsschemata, die er durch leichte Variationen belebt. Fragen der Symme-trie und der Flächenbindung des Raumes spielen eine große Rolle. Klassische Prinzipien also auch hier. Klassische! Man beachte, daß von Klassizismus nicht zu reden ist. Denn die geistig-seelische Verhaltenheit und die strenge Ge-schlossenheit der Komposition sind schließlich doch einem Leben abgerungen.»[74]

«Um es kurz zu sagen: Gimmi steht auf der Linie jenes bürgerlichen Klassizismus, welcher aus unserer Malerei nicht wegzudenken ist und dem eine ganze Reihe ihrer nam-haften Vertreter – in der Welschschweiz etwa ein Barraud, ein Alexandre Blanchet, in Basel Paul Basilius Barth – und nicht wenige unserer Plastiker angehören... Ob mehr als anderthalb hundert Gemälde, Zeichnungen und Aqua-relle für einen Maler wie Gimmi nicht zu viel sind? Die oberste Grenze des Zulässigen wurde damit jedenfalls er-reicht...

Ein weiter Weg ist es ja nicht, den Gimmi in den fünf Jahrzehnten seines Schaffens zurücklegt. Rasch, ja eigent-lich schon in den frühen Arbeiten gelangt er dorthin, wo er verharrte und heute noch steht. Nicht Wachsen und Wand-lung kennzeichnen sein Werk, sondern daß es gleichbleibt, durch Jahrzehnte, nichts hinzugewinnt und nichts verliert... Eine humanistische Malerei könnte man am Ende sagen, eingedenk der Bedeutung und zentralen Stellung, welche die menschliche Figur entgegen allen Gegenwartstendenzen bei Gimmi behält – eine Malerei, auf der ein Abglanz großer Zeiten liegt, dem sie ihre Würde dankt, ihre verhaltene Feierlichkeit. Gimmi so zu sehen, berechtigt uns schließlich jenes seiner Bilder (zu gedenken), das seine Menschlichkeit nicht nur auf das Thematische beschränkt: das Porträt von James Joyce, Gimmis Meisterwerk.»[75]

«...Il se dégage une très grande unité de cette exposition et nous pouvons constater, devant une telle rétrospective, com-bien Gimmi, tout au long de sa carrière, est resté fidèle à lui-même...La peinture de Gimmi n'est pas une peinture de choc. Elle est singulièrement discrète, posée, presque dis-tante. Elle ne livre pas ses secrets au premier coup d'œil mais sait se faire enveloppante quand on prend le temps de la contempler. Mais que cette discrétion ne nous fasse pas oublier les qualités plastiques d'une œuvre qui, si elle ne nous enthousiasme pas toujours, nous cause cependant une émotion durable... Poète de la nuance, Gimmi reste un inti-miste dont la très grande ferveur est une des qualités maî-tresses. Amour du beau métier, respect de la nature, humilité devant le modèle: Gimmi ne s'est jamais laissé détourner de son chemin que d'aucuns trouveront peut-être quelque peu étriqué. Mais ne vaut-il pas mieux connaître ses limites et aller toujours plus en profondeur que trop forcer son talent au risque de le perdre dans des jeux dangereux et gratuits? Gimmi est resté fidèle aux choses les plus quotidiennes, aux spectacles les plus familiers. Il a su souvent, partant de l'objet le plus humble, s'élever à l'universel...»[76]

1961 feiert Wilhelm Gimmi seinen fünfundsieb-zigsten Geburtstag.

«Un mot encore; être à l'affût de tous les courants, mon-ter à la hâte dans le dernier bâteau, faire le petit suiveur, commencer là où les autres ont abouti, cela est à la portée de tout le monde. Et tout le monde – ou presque – explique aujourd'hui dans un journal, à la radio, son art, sa philosophie de la vie, „sa trouvaille' avec une suffisance bien désarmante.

Mais édifier pendant cinquante ans, dans le silence et la méditation, une œuvre à l'abri des fluctuations de la mode, une œuvre qui, tout en étant fortement présente, ce rallie à ce qu'il y a de plus fécond dans la tradition, parler de classique et de donner à ce mot sa pleine authenticité, cela oui, c'est l'honneur d'un artiste. C'est l'honneur de Gimmi!»[77]

Am 16. Dezember 1962 verleiht ihm die Stadt Zürich ihren Kunstpreis. Eine große Ehre – eine späte Ehrung für den nunmehr sechsundsiebzigjährigen Künstler.

«...Ihre Malerei ist Ausdruck Ihrer Treue zu sich selbst, und da Sie bis zu dieser Stunde als Mensch und Künstler lebendig geblieben sind, auch selbstverständlicher Ausdruck der Treue zum Leben in seiner ständig sich entwickelnden und wandelnden Form. So ist Ihre Malerei lebendig geblieben. Die wesentliche Gegenwärtigkeit eines Künstlers in seiner Zeit beruht nie darin, daß sich seine Werke nach bestimmten Stilmerkmalen, die der Malerei der berühmtesten Repräsentanten entnommen sind, datieren lassen, sondern darin, daß er sich als lebendiger schöpferischer Mensch in einer Zeit aus den Voraussetzungen seines Lebensgefühls und seines Temperaments in der ihm angemessenen Weise ausdrückt. Was von der Kunst der Gegenwart für die folgende Generation Gegenwart bleibt, vermag keiner von uns vorauszusagen. Aber das eine ist seit Jahrhunderten gleichgeblieben: daß nur die Künstler mit ihrem Werk überleben, die sich selbst die Treue gehalten haben...

Sie sind ein denkender Maler und ein malender Denker ohne literarische Anfälligkeit. Was mich in Ihrer Malerei beglückt, das ist die Intelligenz, die heitere Geistigkeit, die darin in Erscheinung treten. Die Verständlichkeit Ihrer Malerei ist das größte Hindernis, das sich ihrem Verständnis entgegenstellt. Sie sind ein Maler zwischen den Stilen und den verschiedenen künstlerischen Bewegungen, die seit einem halben Jahrhundert in einem immer rascheren Rhythmus aufeinandergefolgt sind. Ich liebe die besondere Hautfühligkeit, die in vielen Ihrer Aktbilder Gestalt annimmt, Ihre Hand hat oft mehr Zärtlichkeit, als Ihr Bewußtsein zugeben will. Jede Landschaft, in der Sie malen, wird Ihnen

malend zur Wahlheimat... Sie haben, unter anderem, in Ihrer Landschaftsmalerei, in Ihren Landschaftsbildern aus der Provence, eine Vision verwirklicht, die unverwechselbar die Ihrige ist und neben der von Cézanne und van Gogh besteht... Sie haben den seltenen Mut zur Unauffälligkeit; mit allem, was Sie schaffen, zeugen Sie, ein Maler des schönen Handwerks, von der Schönheit und Fülle des Lebens, das in sich selbst beruht; alles, was Sie malen und zeichnen, wird zum Ausdruck einer prästabilierten Harmonie...»[78]

Im großen und ganzen begnügt sich die Schweizer Presse mit einer Agenturmeldung, die in schöner Unabänderlichkeit landauf, landab abgedruckt wird. Nur wenige gehen auf das Werk des Geehrten ein. Ist die Ehrung nicht zu spät erfolgt?

«...Gimmi s'est vu décerner le 16 décembre dernier en une séance solennelle le Prix des Arts de la Ville de Zurich... Hommage mérité, en vérié, et qui venait moins consacrer un artiste qui n'en avait plus besoin, qu'honorer ceux qui en étaient les auteurs. Beaucoup, en apprenant la nouvelle, ont surtout relevé que l'on venait bien tard... Saluons donc l'événement et réjouissons-nous de l'honneur rendu à l'un des plus grands peintres de notre pays. Car nous ne connaissons pas dans l'art suisse du XXe siècle d'œuvre dont l'homogénéité, la puissance et la présence s'imposent avec plus d'autorité... L'essentiel, Gimmi le porte en lui et c'est là la clef du personnage et de son œuvre. C'est un homme qui porte son univers et qui se suffit à lui-même. A Paris ou à Chexbres il reste identique à lui-même. Il est, lui et sa vision, sa ,Weltanschauung', sa perception personnelle des choses et des événements, l'inspirateur unique de son œuvre... On regrette encore aujourd'hui à Paris l'absence de l'artiste. Des artistes, des marchands, des critiques et non les moindres s'étonnent de cette retraite loin de la grande ville et la déplorent. Il est incontestable que s'il avait accepté de retourner sur les rives de la Seine, il connaîtrait une notoriété internationale sans commune mesure avec sa situation actuelle. Il ne l'a pas voulu, les choses sont sans doute bien ainsi...»[79]

Bald jedoch beginnt sich in seinen eigenen Worten eine leise Müdigkeit bemerkbar zu machen. Ist es eine Vorahnung, oder sind es die Folgen der Krankheit?

«... *Glücklicherweise nehme ich doch den Pinsel in die Hand, um das dumme Brüten zu vergessen. Ich arbeite nicht für eine Ausstellung, aber ich bin zufrieden mit meiner Arbeit. Das Wetter ist für die Arbeit oft furchtbar unbeständig (zu helle Föhntage und dunkle Regentage). Vor einigen Wochen hatte ich Besuch meines alten Pariser Freundes Dunoyer de Segonzac ... Die Stunden in seiner Gesellschaft haben mir gut getan.*»[80]

Gimmi bleibt weiterhin der Maler der kleinen und mittleren Formate, der intime Gestalter. Doch zuweilen macht sich eine seltsam vertiefte, fast visionäre Transparenz in seinen Bildern bemerkbar, die sich mehr und mehr von der greifbaren Natur, vom unmittelbaren Schauen entfernt.

1964 öffnet die Kunstausstellung der Expo in Lausanne ihre Pforten. Wohl werden einige Bilder Gimmis in der Übersicht über schweizerisches Kunstschaffen aufgenommen, aber

«... *Gimmi, le grand Gimmi, qui bien que Zurichois, nous fait depuis 1940 le grand honneur de vivre à Chexbres, a été finalement admis – et nous savons que ce ne fut pas sans peine...*»[81]

Wilhelm Gimmi, der kurz nach der Jahrhundertwende ausgezogen ist, in Italien erste Eindrücke zu sammeln, der in Frankreich, inmitten einer schöpferisch turbulenten Epoche zu sich selbst und zu einer eigenen persönlichen Ausdrucksweise gefunden hat, der schließlich in Chexbres, in der Stille der waadtländischen Rebberge, seinen inneren Auftrag, als Künstler schöpferisch zu sein, erfüllt hat, legt am 29. August 1965 Pinsel und Stift endgültig aus der müde gewordenen Hand.

«*Ainsi disparaît silencieusement un très grand artiste, dont l'œuvre fut élaborée dans la solitude, avec une exemplaire probité, loin des modes passagères et des rumeurs de la publicité... Gimmi ne varia jamais dans sa ligne stricte de défense d'un art classique. Cette attitude ne suppose pas cependant, comme on pourrait le croire, une peur du risque ou de la nouveauté. Elle indique seulement qu'il épousa le mouvement de la tradition afin de mieux pouvoir concentrer son expression et restituer à la densité picturale ce que* d'autres se contentent de disperser au gré de recherches formelles. Le lyrisme de Gimmi peut maintenant affronter l'avenir avec la confiance même que le peintre accordait à l'univers des hommes et des choses...*»[82]

«... *Es ist ihm, wie keinem andern Schweizer, gelungen, französische Malkultur, die immer auch lateinische Transparenz und Klarheit in sich schließt, mit schweizerischer Nüchternheit und, bei aller Urbanität, mit einer fast bäurisch-bedächtigen Art zu verbinden... Gimmi war ein harter Arbeiter, und sein Werk ist das Resultat seiner Begabung und seines großangelegten Charakters... Es gibt eine Malerei, die ein getreuer Spiegel seiner menschlichen Integrität ist, so daß der Mensch und der Maler als Einheit gesehen werden müssen... Ich wüßte keinen andern Maler unserer Zeit, der so viel von jener heiligen Nüchternheit hätte, die die große Begabung auf geradem Weg ins Höchste zu steigern vermag und für die Cézanne das unerreichte Beispiel ist. Eine solche Kunst ist dem Strome des Wechselvollen enthoben.*»[83]

«... *Amour du beau métier, respect devant la nature, humilité devant le modèle: Gimmi ne s'est jamais laisser détourner de son chemin qu'aucuns trouveront peut-être étriqué. C'est dans le calme de l'atelier, dans la méditation, dans la ferveur – dans l'amour aussi, dans la joie de vivre et de peindre – que cette œuvre attachante et sensible a été lentement élaborée. Puissons-nous un jour en découvrir les richesses...*[84]

«... *Le plus haut don de l'artiste est celui de divination. Il arrive à Gimmi d'être plus qu'un coloriste et qu'un luministe, plus qu'un examinateur attentif. Il lui advint certaines fois de connaître l'état de grâce, indéfinissable et imprévisible, nécessaire à l'éclosion des œuvres majeures. Ces œuvres-là ne s'oublient point, non plus que celui qui les fit.*»[85]

Und ein letztes Wort aus Paris.[86]

«*Madame,*

C'est avec une très grande peine – que j'apprends le deuil si cruel qui vient de vous frapper.

C'est un très bel artiste qui vient de disparaître – un grand talent puissant, simple et vrai –

Rien d'artificiel – ni de factice – Il n'a jamais été le reflet d'aucun peintre du passé ni de notre époque –

Il était foncièrement de son pays – c'est une des figures les plus marquantes de l'Art Suisse du XVe au XXe siècle. –

L'homme était le reflet de l'artiste – simple – vrai – profondément sensible et humain –

J'ai perdu vraiment un ami –

Veuillez croire à mes sentiments profondément émus et peinés.

A. Dunoyer de Segonzac»

Das künstlerische Werk

«...Ein Werk von Gimmi ist eine formelle, gefühlsmäßige und logische Konstruktion, die sich in eindrucksvoller Weise als Ganzheit, aber voller Bescheidenheit einprägt.

Bescheidenheit – und dies ist vielleicht in unserer Zeit, wie zu allen Zeiten, der größte Fehler dieser Kunst...»[87]

Am 30. Juni 1968 öffnet das Musée Jenisch in Vevey seine Pforten für die Retrospektive Wilhelm Gimmi. Drei Jahre sind seit dem Tode des Künstlers vergangen, die Pop-Welle hat auch unser Kunstleben überflutet, und bereits kündet sich das an, was sich nur noch mit Idee, Entwurf und Vorschlag befassen will. Die Ausstellung wird begeistert aufgenommen, die Zeitungen berichten darüber, und erstaunlicherweise hat sich auch in der Rückschau nichts Grundlegendes an der Wertung des Werkes von Wilheln Gimmi gewandelt.

Gimmi ist in erster Linie ein Maler und Zeichner der Wirklichkeit, rein motivisch betrachtet, ein Künstler des Alltäglichen, *seiner* eigenen Alltäglichkeit, aber er ist nirgends Sklave dieser alltäglichen Wirklichkeit. Gleich wie uns die modernsten Kunstrichtungen die Alltäglichkeit der Welt der Verbrauchsgesellschaft, der technischen Produktivität, neu zum Bewußtsein zu bringen suchen, so widmet sich Gimmi der stilleren, aber ebenso gegenwärtigen Welt des Figürlichen, Landschaftlichen und Stillebenhaften. Er schöpft aus dieser Welt als dem Gegebenen, Vorhandenen nur das Wesentliche, den Rhythmus, das Gleichgewicht, das, was sich in Farbe und Form gültig umsetzen läßt.

Die Bedächtigkeit, mit der sich diese Umsetzung vollzieht, ist Temperaments- und Charaktersache, gleichzeitig jedoch nicht weniger gewollt, nicht weniger bewußt. Sie dient dazu, Gedanken, Erlebnis, Anschauung, Beobachtung und Ausführung in Einklang zu bringen, ohne daß die gestaltende Hand ihre Beschwingtheit, die in jedem Werk etwas Besonderes aufblühen läßt, verlöre. Die Logik im gedanklichen und konstruktiven Aufbau der Werke verbindet sich mit dem Gefühl und einer seltsam poetischen Wirkung.

Natur und unmittelbare Umwelt sind die eigentlichen Quellen seiner Kunst. Zwischen Stadt und Landschaft, zwischen lebendem Körper und totem Gegenstand besteht in der Auffassung kaum ein Unterschied. Er sucht in ihnen nicht das Abbildhafte, nicht das Lokalkolorit, nicht das Anekdotische oder Literarische, sondern die struktiven, formalen und farbigen Bausteine für eine Bildwelt, die ganz von ihm geprägt ist.

Es ist nicht leicht, auch nicht ausschlaggebend, im Lebenswerk Gimmis klar sichtbare Entwicklungsphasen abzugrenzen. Einmal, weil ihm eine seltene beharrliche Folgerichtigkeit eigen ist, die kaum jemals zufällige, vom Augenblick bestimmte Wandlungen zuläßt, und dann, weil er sich, trotz aller Weltoffenheit, nie etwas hat aufzwingen lassen. Gimmi hat nur gelernt, was er hat lernen wollen, nur gestaltet, was seinem Wesen entspricht. Was ihm die selbstgewählten Lehrmeister – die alten Griechen und Chinesen, Giotto, Masaccio, Piero della Francesca, Poussin, Cézanne, der Zeichner Picasso – gegeben haben, sind nicht unmittelbare Beeinflussungen, sondern lediglich Impulse, die Eigenes, in ihm Schlummerndes geweckt oder Erkanntes, bereits Geschaffenes, bestätigt haben.

Von Anfang an die verwirrende Fülle des ihn Umgebenden, zuweilen auch Bedrängenden, prüfend und aus ihr auswählend, schafft er sich das Instrumentarium, dessen er bedarf, und dieses Prüfen und Auswählen geschieht nicht im wahllosen Zugriff, sondern bedeutet zielbewußtes Besitzergreifen des allgemein Umweltlichen wie des Einzelnen.

Diese Inbesitznahme geschieht bei Gimmi vornehmlich mit der *Zeichnung* als dem für ihn wichtigsten Mittel der Prüfung, Beurteilung und Beherrschung des Gegenständlichen im weitesten Sinne. Alle zeichnerischen Mittel sind ihm vertraut: Blei- und Farbstift, Pastellkreide, Kohle und Rötel, Feder, Pinsel und Tusche. Zeichnung bedeutet für ihn nicht auf die Fehlerlosigkeit der Wiedergabe bedachtes Abzeichnen, sondern langsames Entdecken der wesentlichen Eigenschaften – Umrisse, Volumenverhältnisse, Bewegungen, Beziehungen zum Raum und im Raum. Zeichnend lernt er sein Modell und seinen Gegenstand kennen, enträtselt seinen Charakter, schafft er sich Zugang zu dessen Wesen. Zeichnen bedeutet für Gimmi nie bewußtes Vorbereiten eines vorgeplanten Bildes, sondern vorerst nur Sammeln von Erfahrungen. Zeichnen bedeutet aber schließlich auch Befreiung von einer allzu engen Bindung an Äußerlichkeiten und Einzelheiten.

In der Frühzeit folgt der Strich zuweilen fast ängstlich dem gegebenen Umriß, dann legt er sich bewußt und unabhängig als dunkle breite Kontur um die Form, und später – um 1915 – beginnt er sich aufzulösen, fließt behutsam um die Form und wird schließlich zur zusammenfassenden, formbestimmenden Kraft. Der Strich ist bei Gimmi immer atmender Umriß, nie starre Begrenzung.

In seinem Atelier häufen sich die Zeichnungen, liegen jahrelang unbenützt, ohne daß er sie jemals als sammlerische oder verwertbare Objekte betrachten würde. Zeichnungen werden bei Gimmi zu Dokumenten, vor allem in den Jahren nach 1940, wo er gezwungen ist, ohne Modell zu arbeiten.

«So habe ich immer solche Zeichnungen um mich, wenn ich ohne Modell an einer Komposition arbeite. Sie regen mich an, auch wenn ich sie nicht genau betrachte. Schon die Gewißheit, daß sie in meiner Nähe sind, gibt mir eine größere Sicherheit beim Malen...»[88]

Später einmal spricht er über die Zeichnungen, die er in Paris hat zurücklassen müssen:

«Mit diesen (den vernichteten) Zeichnungen habe ich nicht nur Zeichnungen verloren, sondern zugleich auch einen großen Teil der Erfahrungen eines ganzen Lebens... Ich habe in ihnen mehr festgehalten, als es mir zur Zeit, in der sie entstanden, bewußt sein konnte...»[89]

Zeichnungen bedeuten für Gimmi Notizen, indem sich aus den aufgezeichneten Erfahrungen, in malerische Form und Farbe umgesetzt, neue Bildvorstellungen ergeben konnten.

«Ich übersetze, was ich in einer Zeichnung gesehen und festgehalten habe, fast automatisch; durch diese Übersetzung finde ich andere gestalterische Ideen, neue Anreize, die mich weiter führen...»[90]

In diese von der Zeichnung her aufgebauten Grundlagen fließen die *Farben* mit zwingender Selbstverständlichkeit ein, und auch bei der Wahl der Palette äußert sich von Anfang an das unerschütterliche Vertrauen in die Natur. Je reifer sein Werk sich entfaltet, desto sparsamer und konzentrierter wird seine Farbauswahl.

Vorerst beginnt er mit Farben räumlich-kräftiger Tonigkeit, mit dunklen starken Formumrissen und oft ebenso dunklen Farbspannungen, die die materielle Stofflichkeit der Dinge betonen. Leuchtende satte Töne, sehr oft als autonome Flecken gesetzt, und fast heftige Farben in einigen kleinen Landschaften von 1913/14 erinnern an den von den Fauves entdeckten freien Kolorismus, doch dann gewinnt die Ordnungsabsicht die Oberhand. Um 1916 schälen sich aus der bisherigen farbig reichen Skala zwei tragende Grundfarben, ein sandgelbes Braun und ein leuchtendes Blau, beide meist kühl und neutral aufgetragen, beide reich an Nuancen, beide heiter strahlend im Licht. Dazu kommt schon früh ein reichdifferenziertes Grau, jene für die Ile-de-France so charakteristische Farbe. In der Tendenz, anfänglich alles Gegenständliche auf Farbe zurückzuführen, äußert sich impressionistisches Erbgut, ohne daß der Maler jedoch in Gefahr geriete, die Formpräzision zu verlieren oder zu vernachlässigen. Seine zusammenfassende Malweise strebt früh nach farbiger und formaler Konzentration.

Nach 1920 wird ein sorgfältigeres Abwägen der Valeurs bemerkbar; die Fleischtöne werden heller, leuchtender, oft perlmutterartig glänzend; die farbige Gestaltung wird beweglicher und veränderlicher, aber immer harmonisch komponiert.

Gegen Mitte der zwanziger Jahre erfolgt die entscheidende Klärung: verwendet werden jetzt weniger und einfachere Farben: er stuft sie sparsamer innerhalb der einzelnen Töne, wägt sie gegeneinander ab. Die Farben erscheinen durchleuchtet, sich gegenseitig steigernd und ergänzend, die Schatten werden transparenter ohne jede Trübheit. In dieser Zeit wird das Erbe Cézannes besonders deutlich sichtbar. Ab und zu verwendet er auch reines Schwarz als Element des Gleichgewichts, aber stets modelliert er mit Farbe, ohne Trennung zwischen Ton und Linie. Gimmis Bilder steigern sich jetzt zu einer farbmelodischen Orchestrierung, deren Hauptausdruck Ausgewogenheit, Ruhe und Heiterkeit ist. Die Farbe ist bauendes Element geworden, dessen Impuls das Leben ist.

Wer in Gimmis Bildern nur die Statik der Haltung, die äußere Bewegungslosigkeit der Form im Raum, die Lautlosigkeit der Bildatmosphäre beachtet, übersieht, daß sich das innere Leben vibrierend in der Farbe selbst äußert.

Die Farben in seinen reifen Bildern sind sinnliche Wirklichkeit, kein Lokalkolorit, sind Ausdruck des Lebens, der Atmosphäre schlechthin, sind Träger einer wundersam poetischen Weltschau, ohne jede Schwärmerei, weil die Klarheit im Bildbau – Erbe der Auseinandersetzung mit dem Kubismus – ihnen die natürliche Lebensnähe erhält. Seine Töne – das Grün der Bäume und Pflanzen, das Blau des Himmels, das Ocker der Erde, das mattglänzende Rosa der Haut, ein warmes Rot und ein transparentes silbernes Grau – bilden das der Natur abgelauschte Farbvokabular.

Die Farbwirkung in Gimmis Bildern wäre jedoch undenkbar ohne das *Licht*. Es ist nie bloße Beleuchtung, sondern modellierendes Element; es flutet um die Dinge und zwischen den Dingen wie die Luft. Es liegt nicht auf den Dingen, Formen und Volumen, reflektiert nicht allein auf Oberflächen, sondern lebt in der Stufung der Farbtonalitäten.

Den Werken von Gimmi wird oft, besonders heutzutage, ein Mangel an *Bewegung* vorgeworfen. Wohl schafft das Fehlen jeder expressiven Gestik den Eindruck scheinbarer Bewegungslosigkeit, die fälschlicherweise als Leblosigkeit gedeutet wird.

Schon allein die Zeichnung und vollends die Zeichnung mit Farbe schließt Bewegung in sich – Bewegung der Form, Bewegung im Ton. In frühen Bildern, beispielsweise in den Landschaften um 1910, äußert sich die Farbbewegung noch heftig und leidenschaftlich, zugleich mit einer starken Betonung der Umrisse. Später verschwindet beides, und die Bewegung wird freier, weicher, lautloser und innerlicher. Maß und Ruhe haben nichts mit Leblosigkeit zu tun, sondern erweisen sich als Kraft und Dauerhaftigkeit im Gegensatz zur Augenblickswirkung einer gesteigerten Geste.

Zeichnung, Farbe, Licht und Bewegung sind die Bauelemente von Gimmis Malerei, Bausteine, die nicht theoretisch oder programmatisch vorgewählt, sondern natürlichen Ursprungs sind.

Gimmi hat sich von Anfang an bewußt und unermüdlich mit der *Natur* auseinandergesetzt. Arbeit vor der Natur bedeutet ihm immer Übersetzung, nie Kopie oder Nachahmung. Er sucht nach dem inneren Rhythmus, mit dem sich die Natur äußert, nach den Gesetzmäßigkeiten, durch die sie lebt. Natur ist für Gimmi Leben im weitesten Sinne, deshalb finden wir in seinen Bildern keine Versuche, sie symbolhaft zu deuten oder zu umschreiben. Für ihn ist alles Natur – der tote Gegenstand wie der Mensch, die Landschaft wie der Raum, durch den Luft und Licht strömen. Den Reichtum dieser Natur zu entdecken und künstlerisch zu gestalten ist das Ziel seiner Kunst.

So sind Zeichnung, Farbe, Licht und Bewegung zusammen mit den unmittelbaren Erfahrungen aus der Natur die Elemente seiner *Komposition*. Schon um 1914/15 führt die Tendenz zur Zusammenfassung der Form zu einer intensiveren Plastizität, gleichzeitig mit der Bearbeitung der mehrfigurigen Komposition im Innenraum. Das Konstruktive, jetzt stärker betont – Erbe des Kubismus –, bleibt jedoch stets durch die Naturschau gemildert. Flächiges verbindet sich mit räumlicher Klarheit. Bei Gimmi spielt auch schon sehr früh ein natürliches Empfinden für den dreidimensionalen Raum mit. Zu Beginn der zwanziger Jahre beginnen freiere Licht- und Schattengegensätze modellierend kraftvollere Volumen zu schaffen, die dadurch neue Fülle und Üppigkeit gewinnen. Die innerlich belebte Gestaltung in der äußerlich gemessenen Ruhe wird Ziel der Komposition. Auch diese durchdachte Komposition gründet in der beobachteten und erfahrenen Ordnung in der Natur. Klare Planung im Bildaufbau und innerer Formrhythmus verbinden sich in seinen Bildern mit der sinnlichen Lebenserfahrung. So sind bei Gimmi Form und Komposition immer groß und einfach erfaßt, mit der Zielsetzung, das Problem der Verteilung der Volumen im Raum gestalterisch ohne Verlust an natürlichem Lebensgehalt zu lösen.

Eigentlich ist alles, was Gimmi tut, Komposition: sowohl die frühen Zusammenspiele zwischen fleckig-flächigen Farbbeziehungen wie die späteren statisch-plastischen, in der Bildebene verspannten Figuren, wie schließlich der Einbau der plastischen Volumen in einen gegenständlich und farbig gegliederten Raum, und aus diesem kompositionellen Denken, sowohl hinsichtlich des Ganzen wie des Einzelnen, ergibt sich die Sparsamkeit der Mittel und die Richtigkeit im Ausdruck.

Und schließlich die *Stoffwelt* von Wilhelm Gimmi: sie ist begrenzt und dennoch vielgestaltig. Begrenzt auf die menschliche Figur, allein oder in Gruppen, im Innen- oder Außenraum, als Akt oder bekleidete Gestalt oder in der Gegenüberstellung von nackten und bekleideten Körpern; begrenzt auf die einfachsten Gegenstände seines eigenen Alltags: Früchte, Schalen, Gläser, Kannen, Flaschen, Kerzenständer, Bücher, Raucherutensilien; begrenzt auf den schmucklosen Raum mit wenigen Möbeln, oft mit einem Cheminée.

Die *Landschaft* ist meist so stark vereinfacht, daß sie kaum genau lokalisiert werden kann, es sei denn durch das Licht, die Farben und die Atmosphäre: Die aus Cézanne gewonnenen Erfahrungen führen zu einer einfachen, körperhaft gestalteten, natürlich gewachsenen Landschaftsstruktur im Bilde. Bei Gimmi fehlt begreiflicherweise die Vedute, weil er die Landschaft stets als seinen Lebensraum empfindet und malt, und diesem Lebensraum gegenüber bewahrt er sich die Freiheit, selbst etwas über ihn zu sagen. Landschaft ist für Gimmi nicht bloß Motiv, sondern Notwendigkeit, und das Malen und Zeichnen dieser Landschaft bedeutet Zwiesprache mit allem, was in dieser Landschaft lebendig ist. Dies mag auch der Grund sein, weshalb er die Savoyer Berge von Chexbres aus nur selten gemalt hat:

«Ich habe nur selten Lust gehabt, sie zu malen. Mit einer Landschaft, die mir selbst nichts mehr zu sagen überläßt, kann ich nichts beginnen...»[91]

Neben einigen wenigen Schweizer Landschaften – zum Beispiel die Gegend um Sitten, der Bürgenstock –, in denen noch eine leidenschaftliche Expression mitspricht, ist es die Ile-de-France, die er, Erkenntnisse der fauven Malerei für sich ergründend, in flächig-fleckigen reinen Farben malt. Dann, den Einfluß von Cézanne für sich nutzbar machend, durchwandert er die Provence, die Normandie, hält er sich in Villeneuve-lès-Avignon und St-Rémy in den Alpilles auf, wo das Licht die landschaftlichen Gegebenheiten neu formt. Nach 1940 malt er – seltener – die Genferseelandschaft, deren Umrisse vom Licht klarer und kräftiger zusammengefaßt erscheinen. Wo die Figur in den Freiraum gestellt ist, bleibt die Landschaft lediglich anonyme Umwelt für die Figuren, sonst bevorzugt er die reine Landschaft, wo Luft und Licht sich frei entfalten. Wichtig bleibt immer auch die Bildatmosphäre, die aus der Vision des Künstlers stammt und mit einer bestimmten Landschaftsatmosphäre nicht identisch zu sein braucht – jene Bildatmosphäre, die letztlich eine Art Verzauberung der sichtbaren Welt bedeutet.

Im *Stilleben* meidet Gimmi die bloße Zusammenstellung von zufälligen Gegebenheiten ebensosehr wie die künstliche Gruppierung, dennoch wird der ordnende Geist in den Stilleben zunächst am deutlichsten sichtbar. Die Gegenstände, anfänglich fast übergenau beobachtet, werden formal und farbig gegeneinander ausgewogen; jeder Gegenstand beansprucht ein eigenes materielles Leben, was zuweilen den Eindruck eines gewollten Nebeneinander erweckt. Doch hat jeder Gegenstand zugleich auch seinen eigenen Raum um sich, den er mit seinem Eigenleben erfüllt und in den die andern Gegenstandsräume durch Licht und Farbe hineinwachsen. Vor 1920 ist die formale gegenständliche Erscheinung fast nüchtern dargestellt, dann beginnt etwa um 1922/23 die Wendung zum Intimen und Poesievollen, die ihren Ausdruck in der reichen Tonigkeit findet.

Man hat Gimmi zuweilen ausschließlich als Stillebenmaler bezeichnet, indem man beliebte, alle seine Werke als Stilleben zu sehen. Ruhe und Ausgewogenheit seiner Kunst können zu dieser Betrachtungsweise verführen, wenn man die Sensibilität seiner Malerei, die innere Bewegung und Lebensfülle seiner Gestaltung übersieht. Wohl ist seine Kunst eine «stille», fast scheue Kunst, aber nie ist sie eine «tote» Kunst, und dies läßt sich nirgendwo besser feststellen als in seiner *Aktmalerei*, dem eigentlichen Hauptanliegen seiner Zeichnung und Malerei. Nirgends äußert sich der lebendige Rhythmus so frei und unbeschwert wie in der Darstellung des nackten Körpers, des körperhaften Volumens, der mattglänzenden Haut.

Für Gimmi ist der Akt vorerst ein plastisches Problem, das an sich und in Beziehung zum Raum gelöst wird. Die ohne expressive Akzente gemalten Akte bleiben völlig unerotisch, wirken jedoch durch Form und Farbe empfindsam sinnlich. In den frühen zwanziger Jahren ist da und dort eine gewisse Blähung der Körper zu beobachten, die von der Auseinandersetzung mit den klassischen Frauengestalten Picassos beeinflußt sein mag. Da Gimmi jedoch nie nur monotone Wiederholungen malt, sondern von Werk zu Werk nach neuen Formulierungen in Haltung, Bewegung, Licht, Schatten, Modellierung und Farbgebung sucht, bleiben solche Einflüsse auf einzelne Werke beschränkt.

In der Aktmalerei zeigt es sich, wie wenig naturalistisch Gimmi trotz aller Gegenständlichkeit gestaltet. Seine Akte wirken weder provokativ noch entblößt, sondern als natürliche Wesen, die sich nie zur Schau stellen. Die Materie ist wichtig, doch nie ohne Beachtung der Umrisse, der Volumen, der Gesamtform und des Zusammenspielens der einzelnen Formelemente. Die stille Vornehmheit der plastischen Ordnung, die diese Akte auszeichnet, erlaubt es dem Maler auch, nackte und bekleidete Körper gleichzeitig zu gestalten.

Farblich sind Gimmis Akte reich, hell, lichtfangend in zarten transparenten Tönen gemalt. Die Leuchtkraft der Haut wird zuweilen durch Gewandteile, farbige Tücher, Draperien gesteigert.

Die entscheidende Wandlung in seiner Aktmalerei tritt um 1920 mit der Befreiung von der kubistischen Geometrisierung in den ersten Rückenakten ein. Jetzt strahlt die gerundete, weichbegrenzte Plastizität eine animalische Ruhe aus, so daß die Akte, wie übrigens alle Figuren Gimmis, immer mit sich selbst allein zu sein scheinen; sie fühlen sich nicht beobachtet, sondern leben in sich selbst. Gotthard Jedlicka hat für diese Akte und ihre Erscheinung den treffenden Ausdruck «lichte Blondheit» geprägt.

Schließlich nehmen *Bildnis* und *Selbstbildnis* in Gimmis Kunst eine Sonderstellung ein, indem sie sich von der Bildnismalerei im allgemeinen stark unterscheiden. Bildnisse von Gimmi geben nie bloß das Wesen bestimmter Menschen in besonders ausgewählten Augenblicken wieder, sondern sind, wie alle seine Bildgegenstände, Form- und Farbträger und Verkörperungen von Bildabsichten. Die Bildnisse von Gimmi teilen im Grunde über den Dargestellten nichts mit, oder nur so viel, als der Künstler für die Realisierung des Bildgedankens braucht. Unerläßlich für die Bildnismalerei ist für Gimmi der menschliche Kontakt, die – wie er es nennt – gegenseitige Unterstützung, der gegenseitige Austausch zwischen Maler und Modell, das gegenseitige Vertrauen und die gegenseitig gewährte volle Freiheit. Nur so ist es ihm möglich, auch in der Porträtmalerei die eigenen, aus der Beobachtung gewonnenen Erfahrungen zu gestalten.

Einen besonderen Platz innerhalb seiner Bildnismalerei beansprucht das Selbstbildnis. Das erste stammt aus dem Jahr 1918, spätere folgen in unregelmäßigen Abständen, ohne – vielleicht ausgenommen diejenigen um 1940 – auf besondere Lebensbegebenheiten Bezug zu nehmen. Gimmis Selbstbildnisse sind keine grüblerischen Selbstanalysen und enthalten demnach auch keine Selbstdiagnosen, sondern sind gelassene, selbstverständliche Auseinandersetzungen mit sich selbst. Gimmi wirkt auf seinen Selbstbildnissen immer etwas größer und gestreckter, als er ist; sein Blick richtet sich direkt auf den Beschauer – zurückhaltend, ruhig, zuweilen etwas mißtrauisch. Persönliches ist ins Gestalterische übersetzt, ohne sich zur Schau zu stellen, aber mit einem überzeugenden Wahrheitsgehalt.

Das Bildnis von James Joyce, in einer Reihe von Varianten um 1942/1947 gemalt, nimmt wohl im Gesamtwerk des Künstlers eine Sonderstellung ein. Zum großen Teil auf Grund von Skizzen und Zeichnungen ohne Wissen des Dichters gemalt, befruchtet von der Lektüre der literarischen Werke des Schriftstellers, teilweise auch nach der Totenmaske gestaltet und nur durch wenige persönliche Begegnungen geprüft und erhärtet, erscheint der Dichter in der Schau des Malers weniger bildnishaft als wie ein Seher. Gemalt vor der bewegten Unendlichkeit des Meeres, verdichtet sich in diesem Gesicht der Eindruck, den A.A.Kohler mit den Worten umschreibt:

«Saisi d'effroi émerveillé à l'écoute de la mélodie du monde; semblable à une apparition; il voit, mais en lui-même...»[92]

Und Gimmi selbst berichtet dazu:

«James Joyce war mir, lange bevor ich ihn persönlich kennenlernte, als Dichter bekannt... An die Unterhaltung erinnere ich mich nicht mehr, aber sie verblieb, das glaube ich noch zu wissen, im Rahmen höflicher Konversation. Nach dem Essen setzte er sich an den Flügel, spielte und sang leise irische Melodien dazu. Als er so sang, sah ich ihn deutlicher vor mir, als ich ihn mir gegenüber gesehen hatte... Einmal sah ich zufällig in einem kleinen Café jener Gegend (rue Belloni) James Joyce und Louis Gillet sitzen... Ich setzte mich so hin, daß ich den beiden nicht auffallen konnte, zog meinen Zeichenblock aus der Tasche und machte mir kleine Notizen: viele kleine Notizen, meist nur wenige Striche, die mir für meine Bilder sehr wichtig geworden sind... Mit Hilfe dieser Notizen habe ich meine ersten Bilder gemalt: das Bildnis der Sammlung Rudolf Staehelin zum Beispiel... Jahre später saß ich in der ,Kronenhalle', und an einem andern Tisch in der Nähe saß der Sohn von Joyce. Man machte ihn auf mich aufmerksam, und er kam an meinen Tisch. ,Votre portrait de mon père est terrible', sagte er. Ich nahm die Bemerkung als ein Kompliment auf.»[93]

Überblicken wir die Gesamtheit des Schaffens von Wilhelm Gimmi, so ließen sich weitere bedeutsame Einzelmotive nennen: «Le Pont Marie», die Kirche «Saint-Gervais», die Loge, die Arlequins, der Sancho Pansa. Im künstlerischen Grundcharakter unterscheiden sie sich nicht vom übrigen Werk, aber es sind wesentliche, oft wieder aufgenommene Einzelelemente des Gesamtbildes.

Desgleichen auch die Buchillustrationen, deren wichtigste diejenigen zu Gottfried Kellers «Romeo und Julia auf dem Dorfe» – vielleicht das schweizerischste Werk Wilhelm Gimmis – sind, weil sich in ihnen die Verwandtschaft zwischen Maler und Dichter am deutlichsten dokumentiert: Humanität, Diskretion, Bescheidenheit, Poesie, Wirklichkeit und Authentizität der schöpferischen Persönlichkeit, geprägt von der gemeinsamen Herkunft.

Überzeugung liegt dem Werk Wilhelm Gimmis vor allem zugrunde. Er glaubt an sich selbst, weil er sein Talent selbstkritisch einschätzt, weil er seine Arbeit kennt, weil er seine Kräfte und Fähigkeiten von Anfang an richtig und zielbewußt einsetzt, weil er eine Wahrheit erkannt hat, der er mit seiner Kunst dient. Sicher, es bleibt eine eigene, persönliche Wahrheit, gewonnen aus individueller Schau und Beziehung zur Umwelt im weitesten Sinne, und deshalb ohne Anspruch auf Allgemeingültigkeit. Aber diese Wahrheit ist in einer Art und Weise formuliert, mit einer Bescheidenheit gestaltet, die den Stempel des Echten trägt, und dies sichert ihr einen unbestreitbaren Platz in der Kunst unseres Landes.

Es gibt Künstler, die ihre eigene Wahrheit erst finden, wenn sie durch mannigfaltige Läuterungsprozesse hindurchgegangen sind, wenn sie ihre Arbeit immer wieder an neuen Vorbildern gemessen, sich immer wieder neuen Anschauungen und Einflüssen ausgesetzt haben. Es gibt aber auch solche, deren Weg so deutlich in ihnen vorgezeichnet ist, daß Einflüsse und Begegnungen keine Wandlungen, sondern befruchtende Bestätigungen des eingeschlagenen Weges bedeuten. Zu diesen gehört Wilhelm Gimmi.

Wer an einem künstlerischen Werk den schillernden Wandel, das Sprunghafte, stets Wechselnde, stets sich Anpassende bevorzugt, kommt bei Gimmi nicht auf seine Rechnung. Seine Ausgewogenheit und Geradlinigkeit geben keinen Anlaß zu tiefsinnigen Spekulationen und Erklärungen, stellen an sich keine Probleme. Seine Zurückhaltung, das Fehlen jeder Geschwätzigkeit, das Mißtrauen gegen allzu laute Begeisterung erschweren den Weg zu

ihm und verlangen vom Beschauer Zähigkeit und Ausdauer in der Auseinandersetzung.

Gimmis Kunst ist eine schweigsame Kunst, äußerlich geprägt von der Größe, Ordnung, Ehrlichkeit und Reinheit des gestalterischen Vokabulars, das in der Tradition wurzelt und dem doch niemand die lebendige Gegenwärtigkeit abzusprechen vermöchte. Es ist eine Kunst, in einer eigenen Sprache vorgetragen, die nichts mit skizzenhafter Artikulation augenblicklicher Einfälle zu tun hat, sondern sichtbar am Überlieferten weiterbaut. Und es ist auch eine bescheidene Kunst, die nur den Anspruch erhebt, daß der Beschauer sich Schritt um Schritt in sie hineintastet, behutsam, wie sie entstanden ist, mit ihr Zwiesprache sucht, bis er sich ihrer Mittel, ihrer Aussage und Zielsetzung bewußt wird und schließlich erkennt, daß sie letztlich einer fesselnd heiter-positiven Weltschau entspringt, die den Mut aufbringt, sich auch der schönen, gleichgewichtigen Seiten des Daseins zu erfreuen. Darin liegt eine der Haupteigenschaften der Kunst und des Menschen Wilhelm Gimmi.

Gimmis Kunst ist eine einfache Kunst. So einfach, daß sie den Eindruck erwecken könnte, gedankenarm und kärglich zu sein. Eine solche Schlußfolgerung jedoch bedeutet, daß man seine vielseitigen Werte nicht erkannt hat. Sein Mut zum Unauffälligen steht in enger Beziehung zur Sparsamkeit seiner künstlerischen Handschrift. Die sorgfältig abgestimmte Farbwahl ist ein Beweis für seine ungewöhnliche Malkultur, die keiner lauten Effekte bedarf. In der einfachen Klarheit seiner Komposition äußert sich kluge Auswahl und konzentriertes Arbeiten. Er verfügt über die ungewöhnliche Fähigkeit, sich selbst arbeitend immer wieder zu erneuern, und dies bedeutet, daß seine Variationen nie Repliken sind, sondern stets neue Formulierungen.

In dieser gezeichneten und gemalten Welt der Schönheit natürlicher sichtbarer Erscheinungen bleibt der Mensch letztlich Ausgangspunkt und

Maßstab – der Mensch als Form, als Typus, als Naturwesen. Alles atmet bei Gimmi jenen verzaubert-intimen Charakter, der in der Sicherheit gründet, etwas zu sagen zu haben.

Wilhelm Gimmi hat Vertrauen zu sich selbst, weil er seiner Umwelt Vertrauen entgegenbringt. Sein Lebenswerk verdient es, daß dieses Vertrauen erwidert wird. Es ist ein bedingungsloses engagiertes Werk, engagiert für das Wertbeständige, Natürliche, Lebendige inmitten einer Zeit, die sich fürchtet, sich zu solchen Werten zu bekennen. Wilhelm Gimmi ist einer jener seltenen, klarprofilierten Künstler, die, in der Gegenwart lebend und arbeitend, die Tradition fortsetzen, ohne daß ihre Werke den Eindruck des Antiquierten wecken: lebendige Tradition im besten Sinne, lebendig in der Gegenwärtigkeit. Es ist kein alltägliches Phänomen, daß ein allem Umweltlichen so aufgeschlossener Künstler wie Wilhelm Gimmi es fertigbringt, inmitten der heute überall freigesetzten Kräfte, ihrer Verachtung des Gegenstandes und des Natürlichen, ihrer Zweifel am Wertbeständigen, ihrem Spiel mit dem Unsichtbaren, zu einem so starken Ausdruck von Dauerhaftigkeit und innerer Festigkeit zu gelangen. Und wenn heute behauptet wird, Gimmi gehöre zu jener schweizerischen Künstlergeneration, die sich in bloßer Nachfolge der Tradition erschöpfe, sich weder exponiere noch engagiere, so bedeutet dies nichts anderes, als daß über den vielfältigen Formalismen der Gegenwart und ihres modischen Getriebes die eigentliche Wahrheit dieser Kunst nicht erkannt worden ist, die Wahrheit, die zugleich Antwort auf unsere gestellten Fragen bedeutet: bedingungslose, ehrliche Menschlichkeit!

Anmerkungen

1 Florent Fels. Radio-Interview. Genf 1951.

2 Gotthard Jedlicka, Begegnung mit Wilhelm Gimmi. Orell Füssli. 1961, S. 23.

3 Privatbesitz St-Prex.

4 Privatbesitz Chexbres.

5 Neue Zürcher Zeitung, Kunstchronik. 25.12.1910.

6 Mädchen im roten Kleid. Ölgemälde.

7 Gimmi stellt u.a. aus mit Amiet, Braque, Buri, Cézanne, Derain, Gauguin, Heckel, Helbig, Herbin, Jawlensky, Kandinsky, Kirchner, Klee, Marc, Matisse, Gabriele Münter, Picasso, Vlaminck.

8 Hans Christoph von Tavel, Dokumente zum Phänomen «Avantgarde». Schweizerisches Institut für Kunstwissenschaft. Jahrbuch 1968/69.

9 Paul Klee, Die Ausstellung des Modernen Bundes im Kunsthaus Zürich. Die Alpen, 6. Jg. Heft 12, Juli 1912, S. 696 ff.

10 Katalogvorwort zur Ausstellung des Modernen Bundes in München 1912 und in der Galerie «Sturm» in Berlin 1913. Walter Kern, Der Moderne Bund 1910–1913. Werk, Heft 11, November 1965, S. 411 ff.

11 – R. Bn. – Vorwärts. Berlin. 7.5.1913.

12 Ausstellung im Kunsthaus Zürich vom 14.4. bis 8.5.1912. Gimmi stellt aus: Stilleben auf rotem Teppich; Bildnis; Die Stadt; Komposition; Das gelbe Haus; Stilleben, Hyazinthen; Stilleben, gotischer Kopf.

13 Volksrecht. Zürich, 23.4.1912.

14 Tages-Anzeiger. Zürich, 11.5.1912.

15 Nesto Jacometti, Gimmi. Lausanne 1943, S. 18f.

16 Katalogvorwort zur Ausstellung im Kunsthaus Zürich 1956/57.

17 Katalogvorwort zur Einzelausstellung in der Galerie Tanner in Zürich vom 14.4. bis 20.5.1916.

18 Ernst Sonderegger, Wilhelm Gimmi. Das Werk, Heft 6, Juni 1916, S. 90 ff.

19 L.M. Fürst. Die Schweiz, XXII. Jg. Nr. 3, Zürich, März 1918, S. 151 ff.

20 Galerie Berthe Weill, Paris. «Exposition de peintures et de dessins par Wilhelm Gimmi». 17. bis 31.5.1919. Katalogvorwort zur ersten Einzelausstellung in Paris. Ausgestellt sind 38 Werke.

21 Brief von Adolphe Basler an Wilhelm Gimmi vom 20.7.1919. Abgedruckt als Katalogvorwort zur Ausstellung in der Galerie Bernheim Jeune (vormals Tanner) in Zürich, vom 4. bis 27.9.1919. Ausgestellt sind 44 Werke.

22 André Thérive. Action, Cahiers de philosophie et d'art, Nr. 2, Paris, März 1920, S. 47.

23 H.G. Vorwort zur Gimmi-Ausstellung im Basler Kunstsalon an der Eisengasse vom 19.3.1921.

24 Jacometti, a.a.O. S. 30.

25 Paul Westheim, Kunst in Frankreich – L'Esprit. Das Kunstblatt, 6. Jg. Heft 1, Berlin 1922, S. 8 ff.

26 Claude Roger-Marx, der nachmalig bekannte Kunstkritiker AICA, zur Ausstellung in der Galerie Berthe Weill. Le Crapouillot, Paris, 16.5.1922.

27 Dr. Guido Looser. Das Kunstblatt, Heft 6, Berlin, Juni 1923, S. 231 ff.

28 Adolphe Basler, Pariser Kunstsommer. Der Cicerone, Ausg. B, XIV. Jg. Heft 17, Leipzig, September 1922, S. 720. Zur Ausstellung in der Galerie Berthe Weill in Paris.

29 François Fosca, La peinture et la sculpture au Salon d'Automne. Art et Décoration, Paris, November 1923, S. 135.

30 André Thérive. Katalogvorwort zur Ausstellung «Exposition annuelle du 4e groupe» in der Galerie E. Druet, Paris, vom 17. bis 28.12.1923. Neben Gimmi waren u.a. vertreten: Lhote, Lotiron, Simon-Lévy, Utrillo, Paul Vera.

31 Das Werk, 12. Jg. Heft 1, Januar 1925, S. 17 ff.

32 L'Amour de l'Art, 6. Jg. Nr. 11, Paris, November 1925, S. 431 ff.

33 Jacometti, a.a.O. S. 24.

34 Das Werk, 15. Jg., November 1926, S. 360 ff.

35 National-Zeitung. Basel, 10.12.1926. Der Pariser Herbstsalon.

36 L'Amour de l'Art, 11. Jg., Paris, November 1930, S. 467 ff.

37 Bernard Champigneulle. Mobilier et Décoration, 16. Jg., Paris, Februar 1936, S. 68 ff.

38 G.-J. Gros zur Ausstellung in der Galerie Rodrigues, Paris. Paris-Midi, 13.11.1936.

39 G.-J. Gros zur Ausstellung im Petit Palais, Paris. Paris-Midi, 13.3.1937.

40 Neue Zürcher Zeitung, 23.3.1937. Zur Ausstellung im Petit Palais, Paris.

41 Neue Zürcher Zeitung, 9.8.1937.

42 Gazette de Lausanne, Carnet des arts, 24.10.1937. Zur Ausstellung in der Galerie E. Druet, Paris, vom 11. bis 22.10.1937.

43 Beaux-Arts. Paris, 24.2.1939, S. 4.

44 Pierre Courthion, erster Präsident der Schweizer Sektion AICA. Echo und Correspondenzblatt der Schweizer im Ausland. Hrsg. vom Auslandschweizerwerk der Neuen Helvetischen Gesellschaft, XIX. Jg. Nr. 11, November 1939, S. 16 ff.

45 Georges Peillex. Style, 1 – 1963, Nr. 13, S. 8 ff.

46 – er – Paris in Zürich. Die Tat, 18.4.1941.

47 Georges Peillex, Etude sur l'œuvre du peintre. In: P. Cailler, Catalogue raisonné de l'œuvre lithographiée de Wilhelm Gimmi. Aigle 1956.

48 Dr. Wilhelm Sulser. Kunst und Volk, 5. Jg. Heft 5, 1943.

49 Georges Peillex, a.a.O.

50 J.M. Pro Arte, 2. Jg. Nr. 17, September 1943.

51 C.F. Kunst-Zeitung. Zürich, September 1943.

52 Oberländisches Volksblatt. Interlaken, 26.7.1943.

53 Jacometti, a.a.O.

54 Das Werk, 30. Jg. Heft 4, April 1943, S. 100 ff.

55 C.F. Kunst-Zeitung. Zürich, September 1943.

[56] Edmond Jaloux, Mitglied der Académie Française, Du côté de chez Gimmi. Galerie und Sammler, 12. Jg. Heft 5, Mai 1944, S. 10 ff.

[57] A. Bi. La Tribune de Genève, 7.8.1946.

[58] A. Bi. La Tribune de Genève, 7.8.1946.

[59] New York Herald Tribune, Art news in Paris by William Einstein. 8.11.1946.

[60] Gotthard Jedlicka, Wilhelm Gimmi zum 60. Geburtstag. Das Werk, 33. Jg. Heft 9, September 1946, Werk-Chronik S. 105.

[61] G. Px. (Georges Peillex). Tribune de Lausanne, 5.9.1947. Zur Ausstellung in der Galerie du Capitole in Lausanne.

[62] A. Bi. Tribune de Genève. Zürcher Künstler im Kunsthaus. 28.5. 1947.

[63] Arnold Kübler. DU, Nr. 8, August 1948.

[64] Max Eichenberger. Die Tat, 7.3.1951. Zur Ausstellung in der Galerie Wolfsberg vom 8.3. bis 7.4.1951.

[65] Georges Peillex. Tribune de Lausanne, 24.5.1951.

[66] Muraltengut Zürich, Nordsaal. «Festliche Szene».

[67] ETH, Loggienhalle im I. Stock. «Lehre und Lernen».

[68] Brief von Wilhelm Gimmi vom 28.11.1955.

[69] – me – Die Tat. Zürich, 10.12.1956.

[70] – HR – Der Landbote. Winterthur, 21.12.1956.

[71] – ie – Basler Nachrichten, 13.12.1956.

[72] Albert Gerster. Neues Winterthurer Tagblatt, 29.12.1956.

[73] – R.S. – Volksrecht. Zürich, 15.12.1956.

[74] – wb – National-Zeitung. Basel, 7.12.1956.

[75] – F.L. – Tages-Anzeiger. Zürich, 6.12.1956.

[76] André Kuenzi, Grande rétrospective à Zurich. Gazette de Lausanne, 29./30.12.1956.

[77] A. Bertschi, L'Honneur de Gimmi. Gazette de Lausanne, 24./25.12.1960. Zum 75. Geburtstag des Künstlers.

[78] Aus der Festansprache von Gotthard Jedlicka anläßlich der Verleihung des Kunstpreises der Stadt Zürich am 16.12.1962.

[79] Georges Peillex. Style. 1 – 1963, Nr. 13, S. 8 ff.

[80] Brief von Wilhelm Gimmi vom 22.11.1963.

[81] G. Px. (Georges Peillex), Expo: Vernissage de l'art suisse au XXe siècle au Palais de Rumine. Feuille d'Avis de Lausanne, 30.4.1964.

[82] Freddy Buache, Wilhelm Gimmi n'est plus. Tribune de Lausanne, 30.8.1965.

[83] Walter Kern. Neue Zürcher Zeitung, 5.8.1965.

[84] André Kuenzi, Hommage à Wilhelm Gimmi. Gazette de Lausanne, 18./19.9.1965.

[85] Arnold A. Kohler, Hommage à Gimmi. Coopération. Basel, 2.10.1965.

[86] Brief des Malers André Dunoyer de Segonzac an Frau S. Gimmi vom 9.9.1965.

[87] Jacques de Laprade. Beaux-Arts. Paris 1938.

[88] Gotthard Jedlicka, Wilhelm Gimmi als Zeichner. Olten 1961.

[89] Gotthard Jedlicka, Begegnung… a.a.O. S. 28.

[90] Jacometti, a.a.O. S. 44.

[91] Gotthard Jedlicka, Begegnung… a.a.O. S. 20.

[92] Arnold A. Kohler. 1965.

[93] Gotthard Jedlicka, Begegnung… a.a.O. S. 43 und 47.

Abbildungen

Zeichnungen
Ölbilder und Wandmalerei
Aquarelle

Les acrobates
1914
Blattgröße 34,5 × 26 cm
Madame Suzanne Gimmi, Chexbres

Etude de trois figures

1916
Blattgröße 23,5 × 30 cm
Madame Suzanne Gimmi, Chexbres

Gare de l'Est
1917
Blattgröße 24 × 31,5 cm
Madame Madeleine Graff, Jouxtens

Gouache l'été 1917   Giovanni

Femme assise

1917
Blattgröße 62 × 48 cm
Madame Suzanne Gimmi, Chexbres

Tête de femme
1918
Blattgröße 22 × 15 cm
Madame Suzanne Gimmi, Chexbres

La toilette
1930
Blattgröße 50 × 39 cm
Madame Suzanne Gimmi, Chexbres

Les sculpteurs

1937
Blattgröße 24,5 × 34 cm
Madame Suzanne Gimmi, Chexbres

Le vigneron
1940
Blattgröße 34 × 25 cm
Frau Margrit Bühler, Winterthur

Autoportrait
1946
Blattgröße 31 × 24 cm
Dr. Peter Mieg, Lenzburg

Charbon 24-1-46   Gimmi

Ölbilder und Wandmalerei

Elefantenbach, Zürich
1909
34×41 cm
C. Brunschwig, Zürich

Anticoli

1911
38 × 46 cm
Galerie du Perron, Genève

Eglise de Valère à Sion
1912
63 × 51 cm
Collection privée, Lausanne

Bürgenstock
1912
59 × 72 cm
Privatbesitz F.H., Zürich

Meudon

1913
22 × 27 cm
Madame Suzanne Gimmi, Chexbres

Le château d'eau
1913
46 × 55 cm
Collection privée, Lausanne

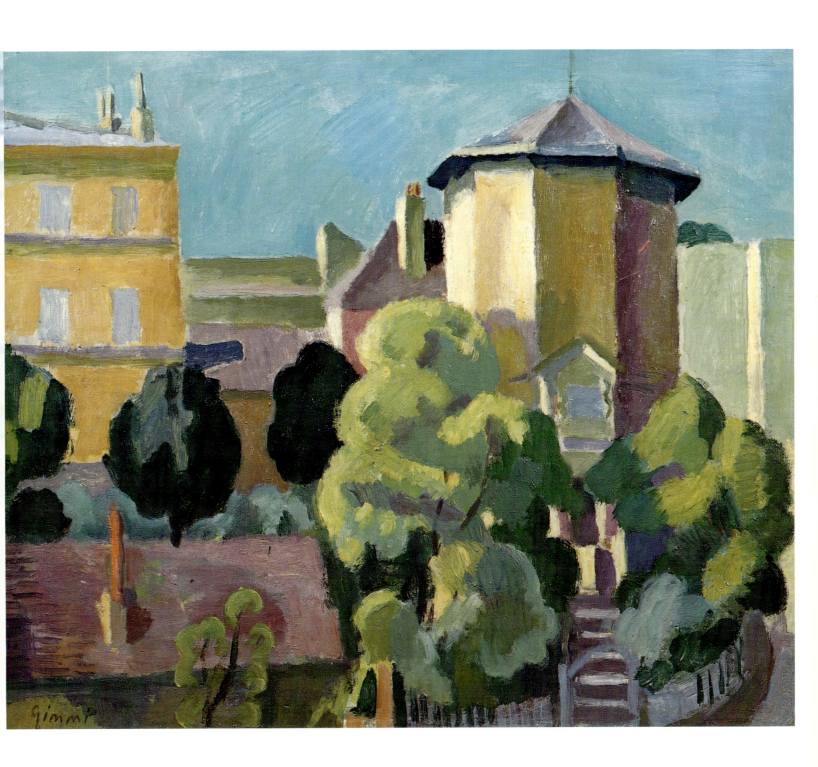

Maisons à Montmartre
1913
38 × 46 cm
Galerie du Perron, Genève

Nature morte
1913
60 × 73 cm
Ch. Jucker, Winterthur

Nature morte à l'éventail
1913
40 × 45 cm
Collection privée, Lausanne

Weggis
1913
46 × 55 cm
Galerie du Perron, Genève

Dans le parc
1915/16
55 × 46 cm
Privatbesitz, Ennetbaden

Champagne-sur-Seine
1916
27 × 41 cm
Madame Suzanne Gimmi, Chexbres

Femme au chapeau de paille
1918
131 × 97 cm
Kunsthaus, Zürich

Autoportrait
1919
73 × 60 cm
Galerie du Perron, Genève

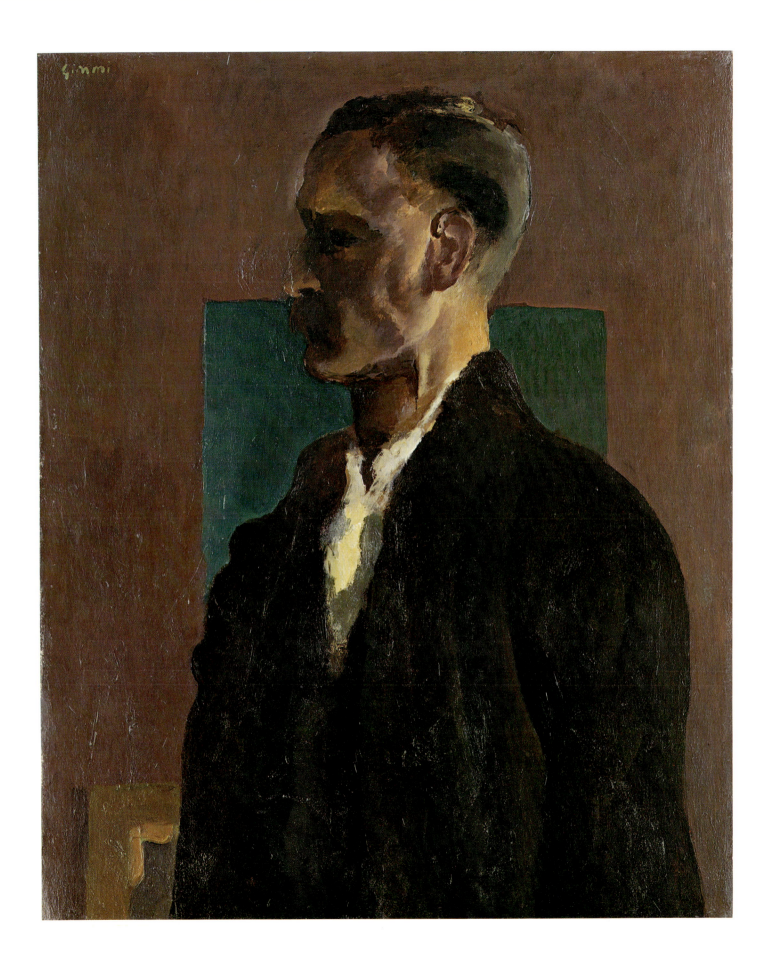

Jeune femme de dos
1920/21
52 × 38 cm
Modern Art Foundation, Genève

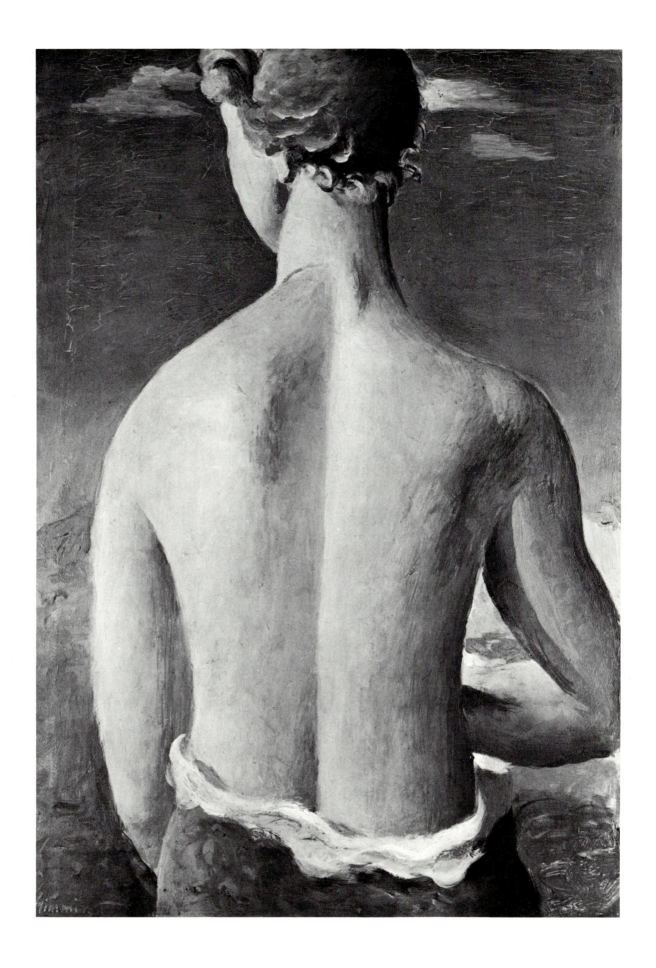

Trois baigneuses
1922
54 × 65 cm
Galerie du Perron, Genève

Torse nu

1923
41 × 33 cm
Monsieur G. Cuenet, Lutry

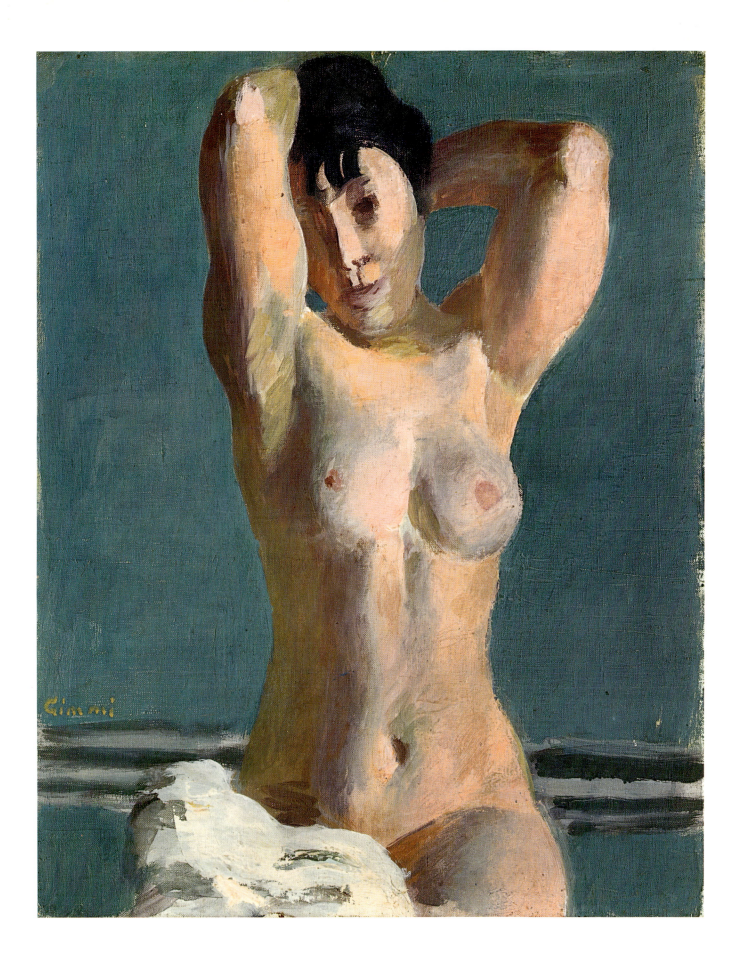

Les trois modèles
1923
65 × 54 cm
Collection Barnes, USA

Le Pont Marie
1923
55 × 47 cm
Gottfried Keller-Stiftung
Legat Frau Dr. M. Schuler, Muri/Bern

La lecture du poète
1923
91 × 73 cm
Collection privée, France

Deux femmes et bas-relief
1923
33 × 42 cm
Sammlung Hahnloser, Winthertur

La conversation
1924
55 × 42 cm
Privatsammlung, Japan

Cahors
1926
54×65 cm
Modern Art Foundation, Genève

Le petit café

1926
54 × 65 cm
Professeur Dr. Fernand Cardis,
Lausanne

Saint-Rémy-de-Provence
1927
65 × 50 cm
Lord Spencer Churchill, England

Sète

1927
61 × 46 cm
Lord Spencer Churchill, England

Les pêcheurs à Sète
1927
92 × 65 cm
Ancienne collection Daniel Halévy, Paris

La bouillotte de cuivre
1927
46 × 38 cm
Collection privée, Lausanne

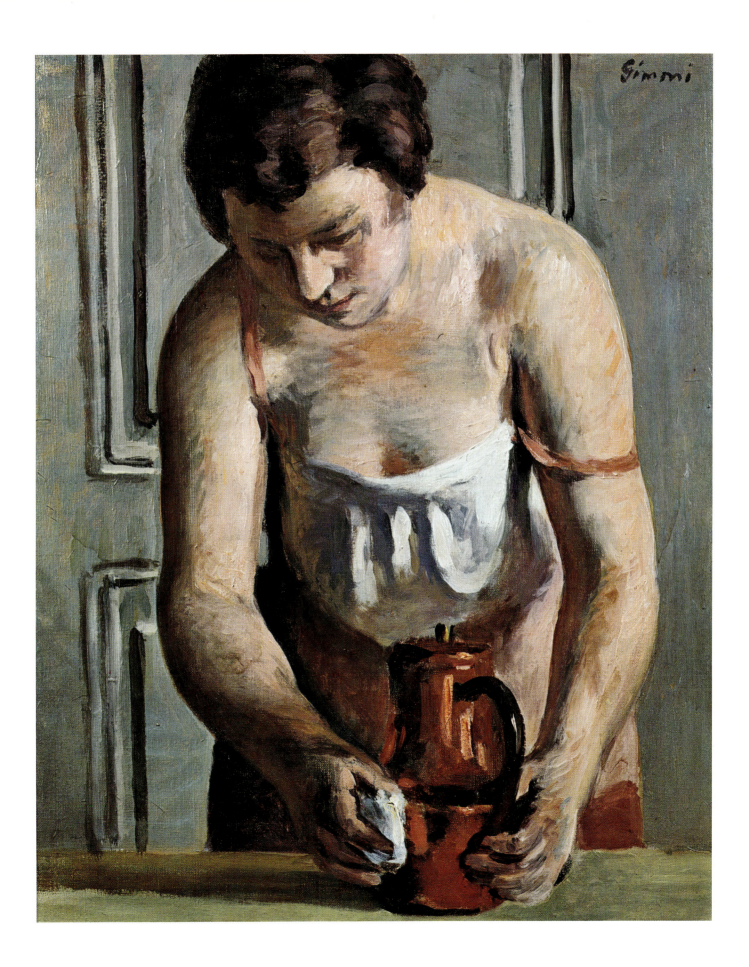

Albi
1927
54×65 cm
Lord Spencer Churchill, England

Femme au fauteuil
1928
81 × 60 cm
Musée national d'art moderne, Paris

Femme à la lorgnette
1928
46 × 38 cm
M. Eichenberger-Schüpbach, Mies VD

Nu au miroir
um 1928
26 × 21 cm
Dr. Hansres Jacobi, Zürich

Femme au miroir, de dos
1929
61 × 50 cm
Lord Sandwich, England

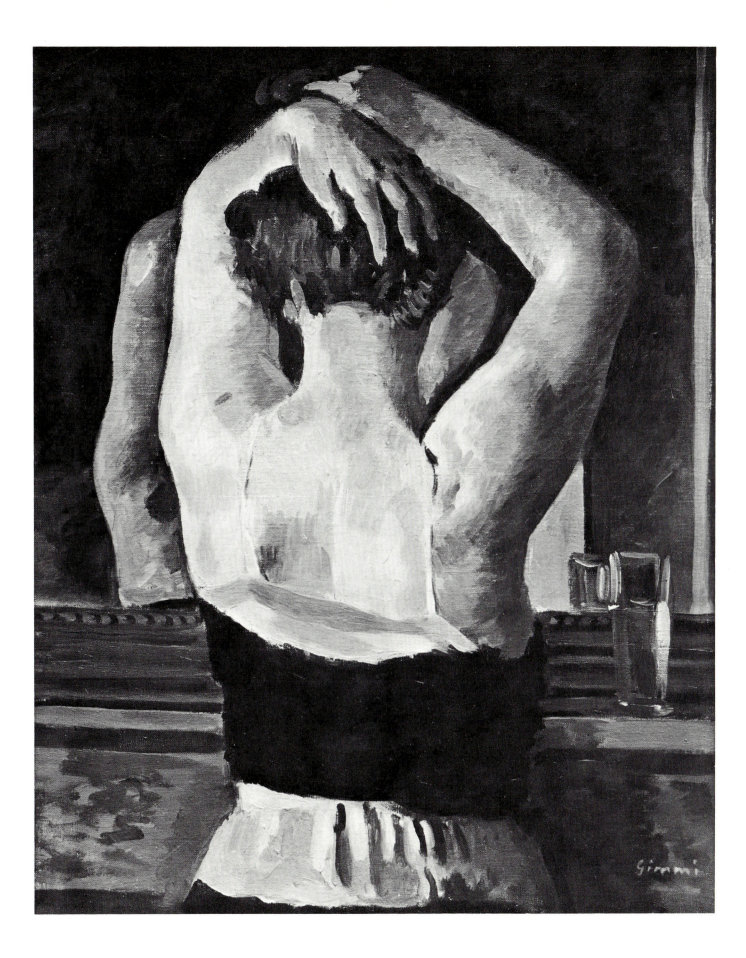

Saint-Gervais, Paris
1929
92 × 73 cm
Fondation Wilhelm Gimmi

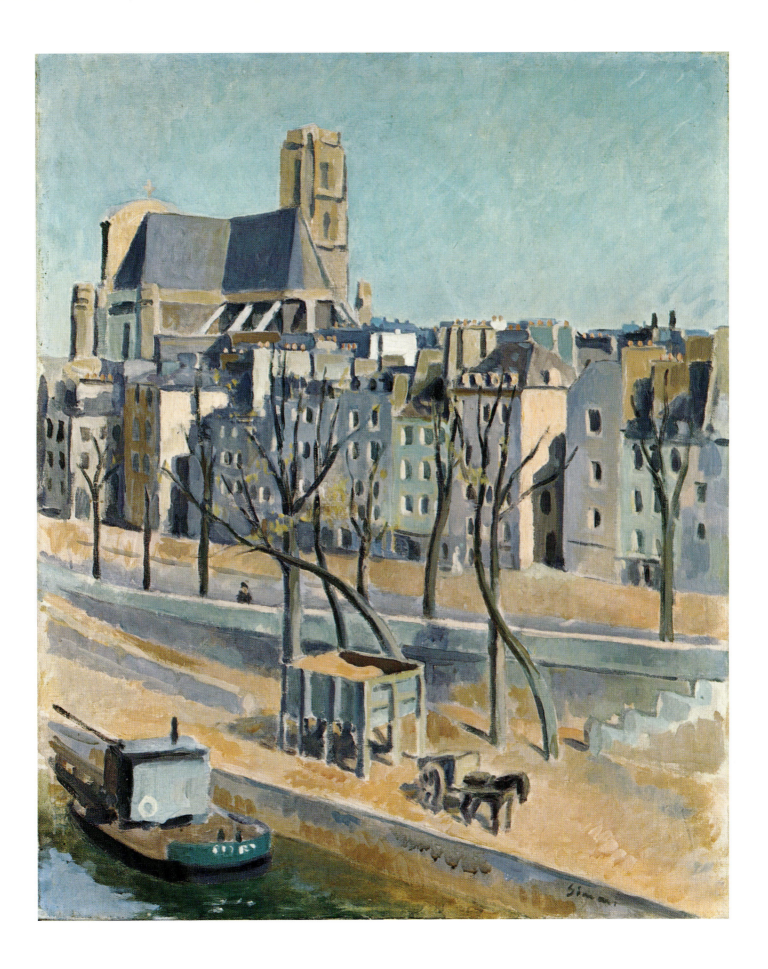

Ile Saint-Louis
1930
72 × 60 cm
Collection privée, Paris

Cabaret flamand
1930/31
61 × 50 cm
Berner Kunstmuseum, Bern

La loge

1931

73 × 65 cm

Berner Kunstmuseum, Bern

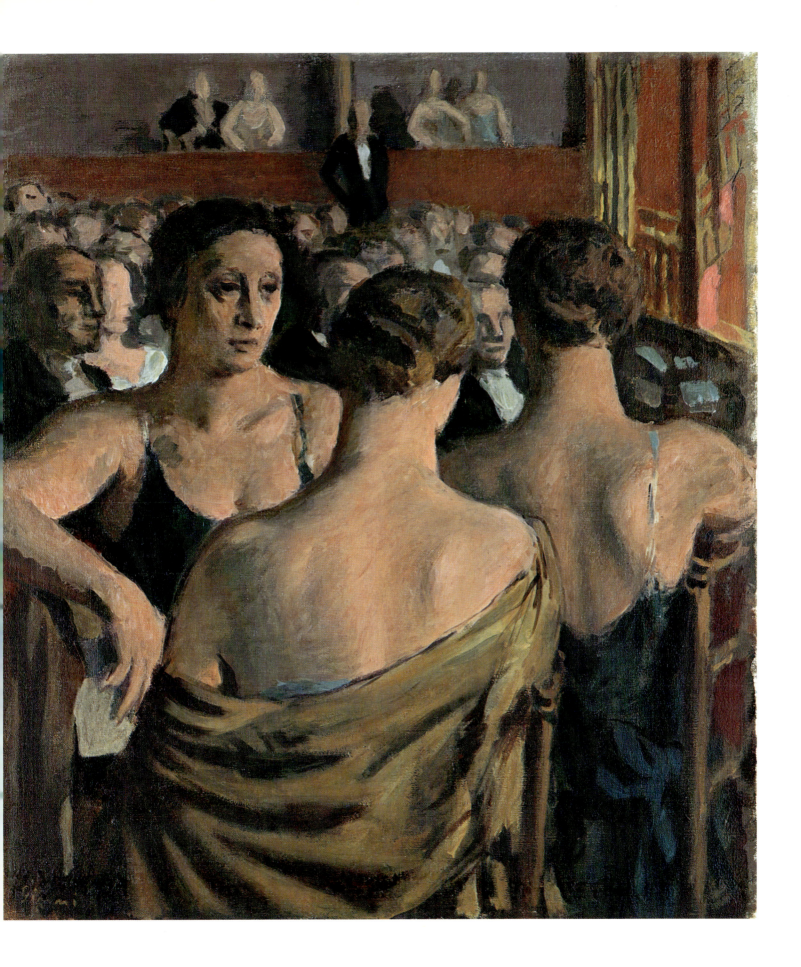

Autoportrait
1932
92 × 73 cm
Kunsthaus, Zürich

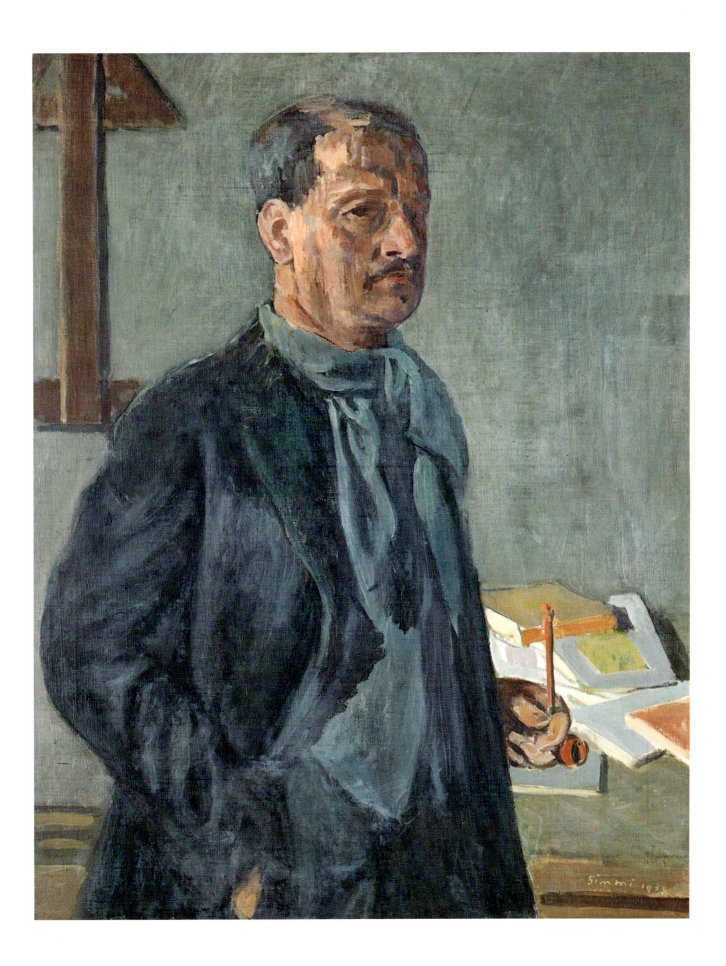

Nature morte

1933
50×61 cm
Gottfried Keller-Stiftung
Legat Madame Suzanne Gimmi

Les Alpilles (Mont-Gaussier)
1934
39×46 cm
Madame Suzanne Gimmi, Chexbres

Deux arlequins
1934
132 × 97 cm
Musée national d'art moderne, Paris

Nana
um 1935
35 × 28 cm
Kunsthaus, Zürich

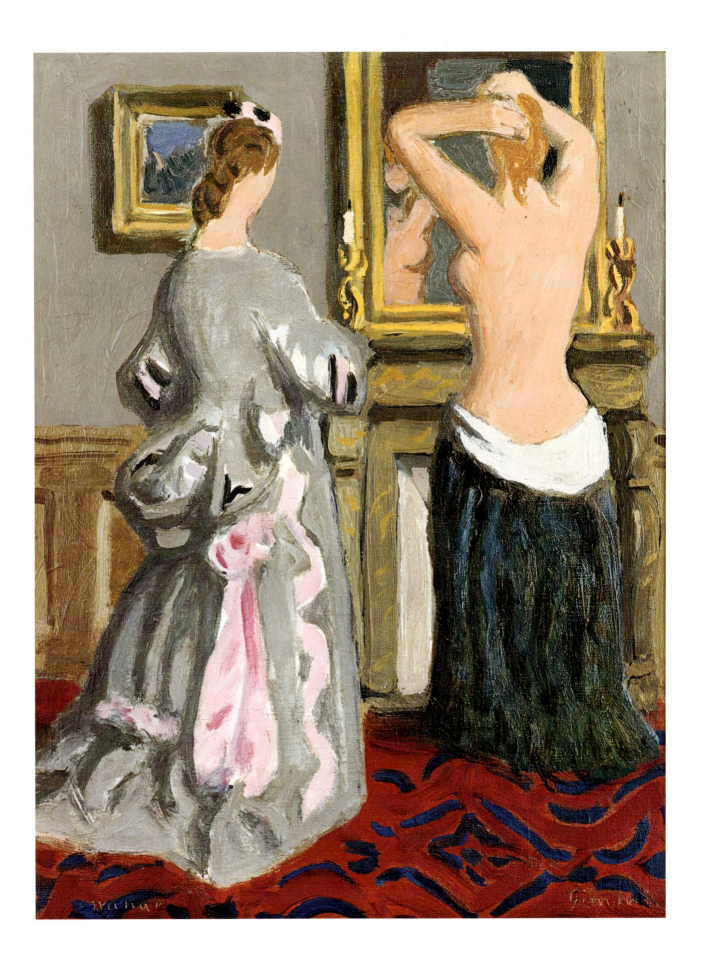

Saint-Rémy-de-Provence
1938
54 × 65 cm
Madame Suzanne Gimmi, Chexbres

Jardin des Tuileries
1938
60 × 73 cm
Stadt Zürich

Autoportrait
1941
92 × 73 cm
Eigentum der Schweizerischen Eidgenossenschaft,
dep. Kunsthaus Glarus

L'Espagnole
1941
115 × 90 cm
Prof. W. Furrer, Bern

La bossette à Rivaz
1941
60×73 cm
Monsieur Pierre Schenk, Rolle

Don Quichotte et Sancho Pança
1942
65 × 54 cm
Madame Suzanne Gimmi, Chexbres

Le zinc
1944/45
92×73 cm
Discount Bank (Overseas) Ltd., Genève

Le paysan
1945
73 × 61 cm
Berner Allgemeine, Versicherungsgesellschaft, Bern

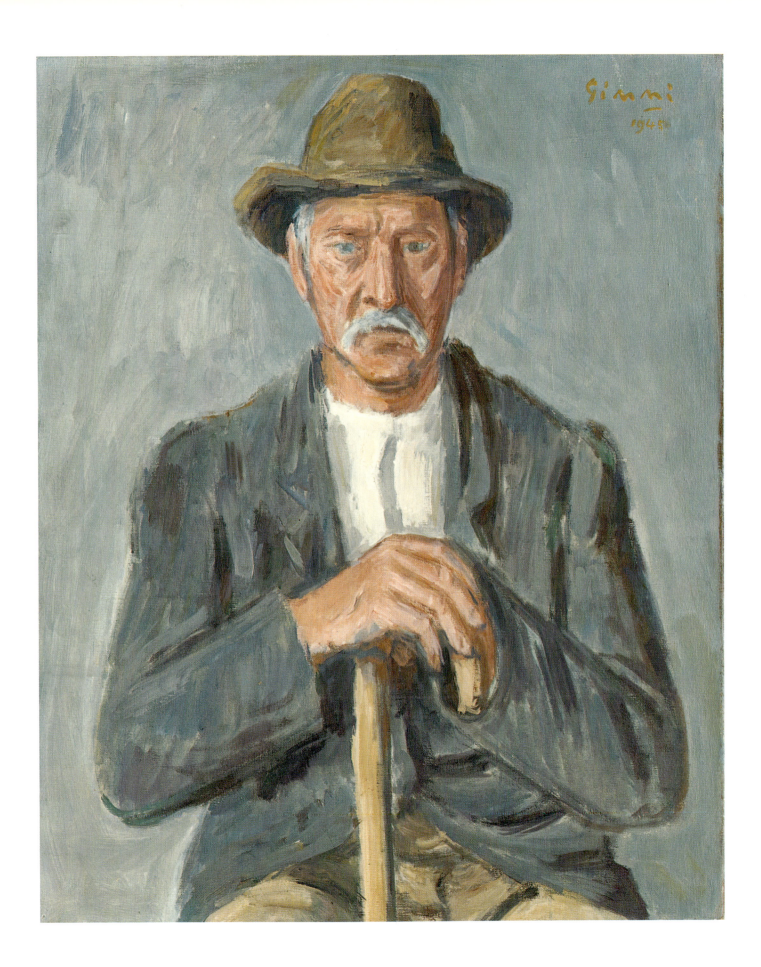

La salle de lecture
um 1945
38 × 46 cm
Kunstmuseum, Winterthur

James Joyce
1947
73 × 61 cm
Kanton Zürich
dep. Universität Zürich

Vignerons et servantes
1950
72 × 58 cm
Madame Marie-Blanche Bär, Zürich

La lavandière (Quai d'Anjou)
1957/58
100×81 cm
Berner Allgemeine, Versicherungsgesellschaft, Bern

Café des vignerons
1959
56 × 65 cm
Dr. R. Dahler, Riehen

Le vigneron
1959
92 × 73 cm
Gottfried Keller-Stiftung
Legat Madame Suzanne Gimmi

Composition
1960
38 × 46 cm
Dr. D. Hess, Utzenstorf

Les platanes (Saint-Rémy)
1965
38 × 47 cm
O. Baumgartner, Riggisberg

Les vendanges
1965
60 × 73 cm
Madame L. de Salis, Blonay

Peinture murale au Muraltengut, Zurich
1953
265 × 200 cm
Stadt Zürich

Peinture murale à l'ETH, Zurich
1956
395 × 304 cm
Eigentum der Schweizerischen Eidgenossenschaft

Aquarelle

Weggis
1913
Blattgröße 25,5 × 32,5 cm
Madame Suzanne Gimmi, Chexbres

Weggis   Gimmi 1913

Le Sacré-Cœur
1920
Blattgröße 30 × 23 cm
Max Hofmann, Küsnacht

Le cirque III

1924
Blattgröße 62 × 47 cm
Erbengemeinschaft Richard Bühler, Winterthur

Entracte
1928
Blattgröße 45 × 34 cm
Dr. Hansres Jacobi, Zürich

Marseille

1929
Blattgröße 32 × 47 cm
Madame Yvonne Brunschwig, Zürich

Saint-Rémy-de-Provence
1935
Blattgröße 31 × 46 cm
Frau Margrit Bühler, Winterthur

St. Remy-de-Provence 1935

Le Café (Roméo et Juliette au village)
1952
Blattgröße 33 × 25 cm
Madame Suzanne Gimmi, Chexbres

Anhang

Biographie	7. August 1886	in Zürich geboren; Bürger von Zürich und Dünnershaus TG
	18. April 1906	Diplomabschluß am Lehrerseminar Küsnacht
	1907	Hilfslehrer in Wädenswil
	September 1908	Erster Aufenthalt in Paris. Studien an der Académie Julian in der Absicht, das Zeichenlehrerdiplom zu erwerben
	1910	Zeichenlehrerdiplom an der Kunstgewerbeschule in Zürich
	1911	Tritt dem von Hans Arp, Walter Helbig, Hermann Huber und Oskar Lüthy gegründeten «Modernen Bund» in Weggis bei Teilnahme an gemeinsamen Ausstellungen
	1911	Sechsmonatiger Italienaufenthalt; Anticoli, Rom, Florenz (Fresken von Masaccio) und Arezzo (Fresken von Piero della Francesca) Reise nach Belgien und Holland
	1911–1940	Lebt und arbeitet in Paris. Erstes Atelier an der Rue Ravignan am Montmartre. Sommeraufenthalte in der Ile-de-France, in Südfrankreich und der Bretagne
	1917	Atelier am Quai d'Anjou
	1919	Teilnahme am Salon d'Automne. Erste Einzelausstellung bei Berthe Weil und Druet. Kontakt mit der Galerie Rodrigues-Henriques
	1920	Ernennung zum Mitglied des Salon d'Automne
	1921	Teilnahme am Salon des Indépendants
	1923/1926	Tod der Eltern
	1934	Heirat mit Cécile Abramsky
	1940	Niederlassung in Chexbres am Genfersee
	1942	Gewinnt den Großen Preis für Buchillustration des Verlages Albert Skira in Genf für seine Illustrationen zu «Romeo und Julia auf dem Dorfe» von Gottfried Keller
	1953	Wandbild im Auftrag der Stadt Zürich im Muraltengut
	1955	Heirat mit Suzanne Wetzel-Favez
	1956	Wandbild in der Eidgenössischen Technischen Hochschule in Zürich als Geschenk der Schweizer Universitäten und der Handelshochschule St. Gallen
	1962	Kunstpreis der Stadt Zürich
	29. August 1965	in Chexbres gestorben

Photographie vom Mai 1891; der
junge Gimmi sitzend neben seiner
älteren Schwester Fanny

Fanny Gimmi, um 1910

Die Familie Gimmi, Photographie,
1900; Willi und Fanny Gimmi mit
ihren Eltern

Wilhelm Gimmi in seinem Atelier
am Quai d'Anjou, 1926

Eine der Pariser Wohnungen Gimmis,
am Carrefour de l'Odéon im dritten
Stock; sie verfügt über zwei hohe
Fenster an der Ecke Rue de l'Odéon/
Carrefour de l'Odéon (1910)

Am 15. Februar 1926 erneuert die
Galerie Druet den Vertrag mit Gimmi
und teilt ihm die neuen Bedingungen
ihrer Zusammenarbeit mit

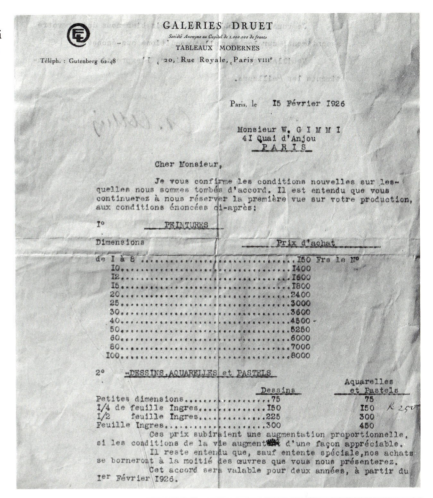

Gimmi hat das Appartement, das er
während achtzehn Jahren (1915–1933)
auf der Ile Saint-Louis bewohnte,
nie vergessen; drei Fenster gingen auf
die Rue des Deux-Ponts, drei weitere
(über dem Schild «Petit Matelot») auf
das Quai d'Anjou (Postkarte, 1922)

243

Während zwei, höchstens drei Jahren
führte Gimmi ein Tagebuch, in
welchem er kurz Tagesereignisse und
Gedanken zu seinen Projekten notierte

carte de Gisler de Gênes.   mercredi
17h dépt avec John, demi-heure   29 juillet 36
à pernod comme le commandant.
Dîner à la maison avec Mlle Weill.
Travaillé le matin à l'esquisse 5 T
3 ms. Faire un grand tableau.
mes très construits, architecture.
couleur sobre.
motif Don Quichotte & Pança dans
chemin creux de St. Remy.
8 T avec mont Gaussier très libre,
construit, baroque, tourmenté;

Pense à cette composition 3 ms
grand format. Faudrait faire des
dessins après modèle.
ne pas oublier le motif chemin
creux à St. Remy avec Don Quichotte
& Pança ou seulement homme
avec âne.
Essayer le vieux motif soldats
dans de l'été 1917, avec les
dessins faits d'après Fernand.
n'oublie pas oublié, visite à l'hôpital
enterrement, ses dernières lettres.

                                           Vendredi
                                           5 août 36
carte de Gisler de Florence
Refais le Xe fois le fond
de ms 30 M. Travaillé au
mont Gaussier 20 T.
Dîner avec B. Weill chez
John. Il me donne une
Dunhill pour ma fête.
Dîner jurassien.

Gimmi (rechts) auf der Terrasse des Café du Dôme mit (von links nach rechts) den Malern Domenjoz, Hubert und Hartmann (1939)

Gimmi und Paul Basilius Barth, photographiert im Garten des Malers Daepp in Chexbres (gegen 1942)

Gimmi in seinem Atelier in der Villa
Stoucky in Chexbres, 1946

Gimmi in seinem Garten in Chexbres,
Photographie vom Sommer 1960

Seite 247:

André Dunoyer de Segonzac hat aus
seiner Hochschätzung Gimmis nie ein
Hehl gemacht; er legt Wert darauf,
sie auch in diesem Werk zu bezeugen

246

Jimmi

Jimmi est une des figures marquantes de l'art du XXe siècle : son œuvre est strictement personnelle et homogène —

Doué d'un rare sens plastique, il a uni la beauté de la forme à une couleur sobre et puissante —

Son grand Talent, très sain, n'a subi aucune forme de mode ou de maniérisme, il a un accent de vérité et de franchise qui l'apparente, un peu, à son grand aîné : Félix Vallotton —

L'un et l'autre sont l'expression picturale, plastique et graphique de leur Pays —

Le Temps qui demeure le Prince des Critiques, Classera et classe déjà Jimmi parmi les vrais et grands Artistes de notre époque —

A. Dunoyer de Segonzac

Mars 1971

Werke in Museen und öffentlichen Sammlungen

Das Werk von Wilhelm Gimmi ist in folgenden Museen und öffentlichen Sammlungen vertreten:

Musée national d'art moderne, Paris (5 Bilder)

Museen von Algier, Le Havre, Nantes, Albi, Elberfeld

Museen von Aarau, Basel, Bern, Biel, Chur, Frauenfeld, Genève, Glarus, La Chaux-de-Fonds, Lausanne, Locarno, Luzern, Olten, Romanshorn, Rorschach, Sion, Thun, Vevey, Winterthur, Zürich

Sammlung der Schweizerischen Eidgenossenschaft, des Kantons Zürich und der Stadt Zürich und der Gottfried Keller-Stiftung

Literaturverzeichnis

Hans Graber, Jüngere Schweizer Künstler. Basel 1918

Nesto Jacometti, Wilhelm Gimmi. Genf 1943

Nesto Jacometti, Gimmi. Peintres et Sculpteurs. Paris o. J.

Gotthard Jedlicka, Zur schweizerischen Malerei der Gegenwart. Zürich 1947

Pierre Cailler, Catalogue raisonné de l'œuvre lithographié de Wilhelm Gimmi (avec une étude sur l'œuvre du peintre par Georges Peillex). Genf 1956

Florent Fels, L'art vivant de 1900 à nos jours, tome II. Genève 1956

Gotthard Jedlicka, Wilhelm Gimmi als Zeichner. Olten 1961

Gotthard Jedlicka, Begegnung mit Wilhelm Gimmi. Zürich 1961

Georges Borgeaud, texte d'un livre par la maison Jean Genoud pour le dixième anniversaire de sa fondation. Lausanne 1967

Periodica siehe Künstlerlexikon der Schweiz XX. Jahrhundert, Frauenfeld 1958–1961, und Anmerkungen in der vorliegenden Monographie

Inhaltsverzeichnis